Tamika Campbell

mit Denise Linke

Wie die Freiheit schmeckt

Wie ich einer Sekte entkam
und das Leben entdeckte

BERLIN VERLAG

Mehr über unsere Autorinnen, Autoren und Bücher:
www.berlinverlag.de

Aus rechtlichen Gründen wurden in einigen Fällen Namen
und charakteristische Merkmale von Personen verändert.

MIX
Papier aus verantwor-
tungsvollen Quellen
FSC® C083411

ISBN 978-3-8270-1403-0
© Berlin Verlag in der Piper Verlag GmbH, Berlin / München 2020
Satz: Fotosatz Amann, Memmingen
Gesetzt aus der Garamond
Druck und Bindung: CPI books GmbH, Leck
Printed in the EU

Inhalt

Prolog

»Wie kann man freiwillig dort wegziehen?« Schon so oft habe ich diese Frage gehört. New York City ist für viele ein Traum, ein noch viel größerer als der amerikanische Traum selbst. Das mag an Ellis Island liegen, dem Ausgangspunkt von Millionen Menschen, die ein besseres Leben suchten. Oder an der Freiheitsstatue, die nach den Erschöpften, Armen und Geknechteten ruft. Oder am Broadway, am Studio 54, an der Wall Street oder am Central Park. An Sehenswürdigkeiten mangelt es der Stadt ja nicht. Oder es ist eine Sehnsucht, die vererbt wurde, der Wunsch der Vorfahren, in der großen Stadt am weiten Meer ein bedeutendes neues Leben zu beginnen. 50 Millionen Amerikaner haben deutsche Wurzeln. Praktisch jeder Deutsche hat irgendwo in Iowa, Ohio oder Kentucky Cousins fünften Grades. Nur sind die unendlichen Weiten des Kontinents kein beliebter Fixpunkt. Kalifornien und New York müssen als Projektionsfläche herhalten.

Oder aber es ist viel simpler und liegt an *Friends*, *Girls*, *Sex and the City*, *Taxi Driver* und *Shaft*. Amerikanische Filme und Serien fluten Streaming-Anbieter, die Leinwand und die Mattscheibe. Wir überfrachten euch mit unserer Unterhaltungsindustrie, und plötzlich gibt es in Deutschland an Proms angelehnte Abibälle, Halloween und mittlerweile mancherorts sogar Thanksgiving. Keine Stadt ist häufiger Kulisse für eine Fernsehserie als New York City. Los Angeles ist auf einem guten zweiten Platz – dann kommt erst einmal ganz lange nichts.

Wie auch immer er in euren Köpfen entstanden sein mag, ich muss den Mythos New York leider hier und jetzt begraben. Dieses New York gibt es in Wahrheit überhaupt nicht, es ist reine Fantasie. Das glitzernde Glamour-Leben, die scheinbar endlose Freizeit, die Sicherheit und Selbstverständlichkeit, mit der sich die Protagonisten in diesem vitalen Melting Pot bewegen; die Welt, in der niemand Geldsorgen hat und auch sonst keine wirklichen Probleme, höchstens Wehwehchen, die sich in zwanzig von Studiogelächter untermalten Minuten in Luft auflösen. Für ein paar Hundert Leute mag das eine realistische Darstellung ihres New Yorker Alltags sein, für die ganz Reichen, ganz Privilegierten, ganz Weißen in ihren Elfenbeintürmen. Die restlichen achteinhalb Millionen Einwohner strampeln sich jeden Monat ab, um irgendwie ihre stetig steigende Miete zusammenzukratzen, und versuchen, nicht ausgeraubt oder erschossen zu werden – wobei ein gezielter Mord die unaufhaltsame Gentrifizierung immerhin eine Weile im Zaum zu halten vermag. Man muss der Stadt jedoch zugutehalten, dass solche Dinge immer weniger passieren.

2018 gab es nur 289 Morde in den Five Boroughs. 1974, im Jahr meiner Geburt, waren es 1554. 1990, als ich sechzehn war, wurden rekordmäßige 2245 New Yorker um die Ecke gebracht. Und das war nicht einmal ein Schaltjahr! Das sind, wie ich finde, ziemlich viele totschlagende Argumente, die beliebteste Stadt der Welt zu verlassen. Ich hatte noch einen ganz anderen Grund. Oder, wenn man so will, ziemlich viele, mindestens ebenso grausige Gründe.

Meine ganz persönliche Hölle spielte sich in den 1970er- und 1980er-Jahren fernab irgendwelcher Statistiken ab. Ich wuchs in einer geistlichen Kommune auf, mitten in New York City. Meine Mutter schloss sich der Ansaaru Allah Community an, während ich noch in ihrem Bauch war und folglich unfähig, meine Bedenken oder Wünsche zu äußern. Und sie war noch Teil von ihr, als ich längst geflohen war. Nur für einen flüchtigen Moment wurde das Schalten und Walten von Dwight York, dem Gründer und Anführer der furchtbaren Vereinigung, polizeilich beobachtet. Gebracht hat es nichts. Eine angeblich auf dem Islam fußende Organisation schwarzer Amerikaner war damals kein populäres Überwachungsobjekt. Die Nation of Islam war bei Gesetzeshütern maximal unbeliebt, und aus den Belangen der schwarzen Communitys wollte man sich möglichst ganz raushalten. Das konnte nur Ärger mit sich bringen, und noch mehr Ärger, das sieht man ja deutlich an den Statistiken, brauchte das New York City Police Department nicht.

Außerdem, und das ist der weitaus schwerwiegendere Punkt, waren Schwarze auch einfach nicht wichtig. Schon wenn die Weißen sich an uns vergriffen, uns verprügelten und erschossen, konnte das keinen Cop hinter seinem Schreibtisch hervorlocken. Die Donuts in der Schublade waren interessanter. Wenn sich Schwarze gegenseitig versklaven, misshandeln und töten ist es ihre eigene Schuld, und damit basta. Ich kam zehn Jahre nach Ende der verordneten Rassentrennung zur Welt. Aber nur, weil auf einem schönen Blatt Papier steht, dass Schwarze jetzt im Bus überall sitzen dürfen, ändert sich das über Jahrhunderte in den Köpfen der Menschen festgezimmerte Klassendenken nicht von einem Tag auf den anderen. Schwarze waren egal. Verdammt viel zu oft sind Schwarze in den USA auch heute noch egal.

Erst 2004 wurde Dwight York wegen Vergewaltigung, Kindesmissbrauchs, Organisierter Kriminalität und Betrugs zu 135 Jahren Haft verurteilt. Dort sitzt der Vater einiger meiner Geschwister auch heute noch, in einem Hochsicherheitsgefängnis in Florence, Colorado. Am 7. April 2122 soll er entlassen werden. Er wäre dann stolze 177 Jahre alt. Für einen Mann, der von sich selbst behauptet, 76 Trillionen Jahre alt zu sein, nur ein Wimpernschlag.

Nein, mein Leben in New York war nicht das von Rachel Green, Hannah Horvath oder Jerry Seinfeld. Als ich zarte fünf Jahre alt war, lebten über 20 Prozent der New Yorker in Armut, viele mehr schrammten gerade so an der Grenze entlang. Heute sind es 19 Prozent, weitere 45 Prozent leben an der Schwelle. Manhattan betrat ich das erste Mal als junge Erwachsene. Begeisterte Touristen können mir noch so lange vorschwärmen, wie fantastisch ihr Aufenthalt im Big Apple war. Das mag alles stimmen. Sicher ist die Stadt für einen Ausflug ausgezeichnet geeignet. Zum Leben weniger. Am wenigsten, wenn man unverschuldet hinter Gittern aufwächst.

Aber fangen wir von vorn an: in einem Park in Brooklyn, New York, 1974.

Auf einer Bank im Highland Park

Meine Mutter saß allein auf einer Parkbank und weinte. Sie weinte so bitterlich, dass offenbar sogar die Schmerz und Kummer gewöhnten Bewohner Brooklyns einen Bogen um sie machten. Brooklyn, heute die hässliche Fratze der weißen, mittelständischen Gentrifizierung, sah damals noch ganz anders aus. Statt ambitionierter Drehbuchautoren mit Salvador-Dalí-Bart und Cafés mit veganen Spezialitäten, prägten Armut und Dreck das Straßenbild. Achtlos hingeworfener Müll flanierte, getragen vom Wind, die Gehwege entlang, die Häuserwände waren beschmiert, und Weiße gab es kaum.

Während des Zweiten Weltkriegs war Brooklyn noch ein florierender Bezirk im Aufschwung gewesen. Der rasante tiefe Fall war für die Menschen dort umso schwerer zu verkraften. Die Industrie zog ab, das Gebiet verlor Arbeitsplätze, Kriegsversehrte kehrten in ihre Heimat zurück, unfähig, einem Beruf nachzugehen. Die Mafia hatte ganze Straßenzüge fest im Griff und lieferte sich erbitterte Kriege mit ansässigen Gangs. Brooklyn war gefährlich, aber für die Menschen dort trotzdem Heimat.

Der Highland Park war der Garten der Bewohner Brooklyns, hier konnten sie Basketball spielen, American Football und Tennis. Im Highland Park war die Welt ein Stück weit okay. Jungs jagten Bällen und Mädchen hinterher, Mütter schoben gebrauchte Kinderwagen die sandigen Pfade entlang. Die Sorgen waren für einen Moment vergessen, die Ängste überwunden. Zumindest die meisten. Manche Sorgen lassen sich nicht mehr abstreifen. Manche Miseren sind ausweglos, manche Kämpfe zu schwer.

Dort also saß meine Mutter und ließ ihr Leben Revue passieren. So jedenfalls hat sie es mir später erzählt. In ihrem Bauch wuchs ein Kind heran, das sie nicht gewollt hatte und nicht würde ernähren können. Ihr Elternhaus würde keine große Hilfe darstellen. Meine Großmutter Lisa war kein Kind von Traurigkeit und dem Alkohol und den Männern zugetan.

Um zu verdeutlichen, wie alles so weit hatte kommen können, möchte ich kurz erzählen, wie sich die Kindheit meiner Mutter gestaltete. Ansonsten ist schwer verständlich, wie alles dermaßen eskalieren konnte.

Meine Mutter wuchs in dem Glauben auf, dass William ihr Vater sei. Das war naheliegend, denn immerhin war er mit Lisa verheiratet, und die beiden hatten schon eine gemeinsame Tochter, Helen. Erst auf dem Totenbett gestand Lisa, dass der Vater meiner Mutter ein ganz anderer war: ihr erster Mann, Albert, mit dem sie bereits einen Sohn hatte. Nach der Trennung von Albert wurde Lisa quasi »rückfällig« und stieg während ihrer Ehe mit William noch einmal mit ihrem Ex-Mann in die Kiste. Sie schaffe es, William das kleine Mädchen unterzujubeln.

Weder Albert noch William spielten im Leben der Kinder eine Rolle. Vermutlich plagte meine Großmutter, entgegen aller Erwartung, das Gewissen. Eine Überraschung für alle, denn niemand war davon ausgegangen, dass sie ein solches tatsächlich besaß. Immerhin hatte sie vier Kinder in diese zuweilen verrückte Welt gebracht, ohne dem Alkohol zu entsagen. Lisa war ständig betrunken und kümmerte sich dementsprechend wenig um ihre drei Töchter und ihren Sohn, denen die Situation gehörig gegen den Strich ging.

Also beschlossen sie kurzerhand, dass es an der Zeit sei, ihre Mutter von ihrer Sucht zu heilen. Ihr Plan war, wie so viele geniale Pläne, vollkommen absurd. Die Kinder boten meiner Großmutter an, ihr eine neue, bessere Substanz zu zeigen. Sie müsse nur versprechen, dass sie nie wieder einen Tropfen Alkohol anrühren würde, wenn ihr das neue Zeug zusage. Oma war eine neugierige Frau und stimmte zu.

Marihuana sollte das Heilmittel sein. Es gefiel Oma, die Wort hielt und nun kiffte, anstatt zu saufen. Für Unerfahrene mag das wie eine Verschlimmbesserung klingen, aber tatsächlich brachte der Wechsel Vorteile mit sich. Kiffer haben stets Appetit, weil der Konsum von Gras Fressattacken auslöst. Aus meiner vormals lethargisch auf dem Sofa trinkenden Oma wurde also eine lethargisch auf dem Sofa rauchende Oma, die aber wenigstens am laufenden Band kochte, weil sie selbst ständig Hunger hatte. So bekamen auch meine Mutter und ihre Geschwister endlich ordentliche Mahlzeiten.

William war dann noch einmal in Erscheinung getreten, in einer Nacht-und-Nebel-Aktion, als er die Kinder meiner Oma entführte. Warum er das tat, ist mir absolut schleierhaft. Ich verstehe auch nicht, warum er alle Töchter meiner Oma, nicht aber den Sohn verschleppte, obwohl er offiziell nur Vater des Jungen war.

William war ein richtiger Filou. Schön soll er gewesen sein, Kreole, mit einem schwarzen Vater und einer weißen Mutter. Als Handelsreisender durchstreifte er die USA, übernachtete bei seinen unzähligen über das Land verteilten Geliebten und schaffte es irgendwie, das Ganze mit Kindern im Alter zwischen fünf und zehn durchzuziehen. Als alleinerziehende Mutter kann ich sagen, dass es nervenzerreißend genug ist, mit einem Kind zu reisen, ich will nicht wissen, wie es mit dreien ist, die man noch dazu permanent irgendwo verstecken muss. Der Mann muss ein organisatorisches Genie gewesen sein und ein begabter Süßholzraspler, der jedweden Frauen seine vermeintliche Brut in Obhut gab, als wäre es das Selbstverständlichste der Welt. Mir ist schleierhaft, warum die Frauen das mitgemacht haben. Und wo William all diese einsamen Frauen auftrieb. Vermutlich waren es einsame Seelen, deren Männer sich in Korea oder Vietnam im Schlamm wälzten und bis zum Hals in Schützengräben steckten.

Zwei Jahre ging das so, bis meine Tante es irgendwie schaffte, ein Telefon in die Finger zu bekommen, um ihre Mutter anzurufen.

Auch mein Erzeuger war kein Hauptgewinn. Meine Eltern waren nie ein Paar gewesen, maximal Freunde, die zusammen kifften und die wilden 1970er-Jahre im noch wilderen New York genossen. Ich finde aber schon, dass Freunde üblicherweise freundlicher miteinander umgehen, als mein Vater es mit meiner Mutter für nötig hielt. Sie erzählte mir die Geschichte später viele Male, und mir ist beinahe, als wäre ich selbst anwesend gewesen – nicht nur als kleiner Zellhaufen irgendwo im Uterus, sondern ganz plastisch, draußen, in Hörweite. Meinem Vater passte es nicht in den Kram, als meine 24 Jahre alte Mutter eines Tages schwanger vor ihm stand. Deswegen hatte er auch direkt eine praktische Lösung parat.

»Ich will dieses Kind nicht, Jules«, sagte er, »ich begleite dich zu einer Abtreibungsklinik.« Und damit war die Sache für ihn gegessen. Meine Mutter war schon damals hörig, sie hatte nie gelernt, sich zu behaupten oder eine eigenständige Meinung zu entwickeln. Das mag einfach an der Zeit gelegen haben, da will ich meiner verkorksten Familie einmal nicht die alleinige Schuld zuschieben. In den 1950er- und 1960er-Jahren, als meine Mutter klein und beeinflussbar war, schrien die Spatzen den Feminismus noch nicht von den Dächern.

Mein Erzeuger begleitete Jules in die Klinik, wohl um sicherzugehen, dass die Prozedur tatsächlich durchgeführt würde. Ein Wartezimmer gab es nicht, aber auf dem Flur, nahe dem Empfang, hatte man lieblos Plastikstühle drapiert, um die Patienten und ihre Begleitung nicht im Stehen warten zu lassen. Mein Vater legte meiner Mutter die Hand aufs Knie, bemüht, körperliche Nähe herzustellen. Er war kein Unmensch, ihm war durchaus bewusst, dass die Situation für Jules alles andere als angenehm war. Er war einfach nur ein gewöhnliches Arschloch.

»Das war die richtige Entscheidung«, bestärkte er meine Mutter im Flüsterton, als hätte sie dazu beigetragen, »wir machen das Richtige. Wie sollen wir denn ein Kind großziehen?

Und ich mag dich, Jules, aber ich will dich nicht heiraten.«
Immerhin beinhaltete dieses Bekenntnis, dass er die Mutter
seiner Kinder heiraten würde, ein merkwürdiger Anflug von
Verantwortungsgefühl, auch wenn sie davon nichts zu spüren
bekommen sollte.

» Ich frage mich, ob er mich wirklich geheiratet hätte, wenn
er mich geliebt hätte«, sinnierte Mom ein ums andere Mal,
wenn sie die Geschichte zum Besten gab. Dann verlor sie sich
wieder in Beschreibungen des für unser beider Leben so
schicksalsträchtigen Tages.

Ihre Absatzschuhe klackten auf dem sanitär-weißen Boden,
der fluoreszierende Schein der langen Deckenleuchten über-
zog die Umgebung mit einem ungesunden grünlichen Schim-
mer. » Es war grässlich«, offenbarte mir Jules, » unpersönlich, kalt und steril.« Die Klinik war beileibe kein schöner
Ort, und meine Mutter spürte mit jeder Faser ihres Körpers,
dass sie lieber ganz weit weg wäre. » Ich wollte dich behalten«, erklärte sie mir, als ich fast schon erwachsen war, und es
fühlte sich an, als wollte sie meinen Dank dafür.

In dem kleiderschrankgroßen Raum saß ein Mann mit
Mittelstandsbauch hinter einem massiven, über und über mit
Ordnern und Zetteln tapezierten Schreibpult und lächelte
mitleidsvoll. Er stand auf und strich sich mit der Rechten über
den Kittel, auf dem sich ein paar Kekskrümel versammelt hatten. » Ich erkläre Ihnen den Eingriff«, sagte er, weil er Worte
der Begrüßung offenbar für übertrieben hielt. Die Stimme des
Arztes klang in den Ohren meiner Mutter so fern, wie sie
selbst zu sein wünschte. Jules war wirklich bemüht, den Erläu-
terungen zu folgen, aber sie hatte nur Augen für den Gynäko-

logenstuhl, der sich bedrohlich und penetrant über der Schulter des Mediziners in ihr Sichtfeld drängte. »Ich konnte nicht wegsehen«, beteuerte sie an dieser Stelle der Erzählung stets, »ich war wie hypnotisiert.«

Darauf sollte sie also liegen, während dieser Kerl mit irgendeinem Stab in ihr herumstocherte, als wäre sie ein Joghurt oder ein Blumenbeet. Das Letzte, was sie den Arzt sagen hörte, war, dass der Eingriff relativ schmerzfrei sei, zumindest sei ihm das zu Ohren gekommen.

Offenbar war der Erzählteil des Besuchs damit beendet, und der Arzt sah drein, als erwarte er eine Antwort von meiner Mutter. Die hielt es nicht länger aus. Sie hatte kein gesteigertes Interesse daran, ein Kind zu bekommen, aber eine Abtreibung klang so grässlich, dass sie fürchtete, auf der Stelle tot umzufallen vor Angst. Jules entschied, dass der Arzt die Antwort verdiente, auf die er offenbar wartete, und obwohl sie die Frage verpasst hatte, schüttelte sie entschieden den Kopf. Das schien ihr, in Anbetracht der Umstände, die sicherste Reaktion.

»Nein«, sagte sie, in die tosende Stille hinein.

»Bitte?«, fragte er nach einer kurzen Pause, in der er einfach mit offenem Mund dagesessen hatte.

»Nein danke«, sagte meine Mutter und stand auf, »ich finde einfach, nein.« Und mit diesen Worten war sie auch schon aus der Tür. Mein Vater saß links neben dem Türrahmen auf dem unappetitlichen Plastikstuhl und schaffte es gerade noch »Heh!« zu rufen, bevor Jules die Eingangstür nahe der Rezeption aufriss.

»Nein!«, rief sie noch einmal, dann war sie verschwunden.

» Ich rannte einfach, bis ich vollkommen außer Atem war «, sagte sie mir, » erst als ich einige Blocks entfernt und um mehrere Ecken geflitzt war, traute ich mich stehen zu bleiben. «

Ich sah davon ab, ihr zu sagen, dass diese dramatische Flucht vermutlich nicht nötig gewesen war, der Arzt wäre sicher nicht mit OP-Instrumenten in den Händen hinter ihr hergejagt, um ihr im Galopp das Kind aus dem Leib zu pulen.

Meine Eltern sahen sich nie wieder, was sicher ganz im Sinne meines Vaters war und trotzdem gar nichts mit ihm zu tun hatte. Das war einzig der nächsten Entscheidung meiner Mutter geschuldet, einer, die noch viel schwerer wog, als ihr Kind zu behalten.

Sie hatte kein rechtes Ziel, also ging Jules einfach geradeaus, bis sie sich plötzlich am Rande des Highland Park wiederfand und sich, von allem Mut verlassen, auf eine leere Parkbank sinken ließ. Sie hatte sich herausgeputzt für den Arztbesuch, so wie man es nun einmal macht. Außerdem hatte sie darauf gesetzt, sich innerlich weniger schäbig zu fühlen, wenn das Äußere es kaschierte. Sie trug dezentes Make-up, einen kaugummipinken Blazer und ihre feinsten Gottesdienstschuhe. Die mit wohlduftenden Ölen gepflegte Lockenpracht umrahmte ihr Gesicht, und ihre langen Beine steckten in eigentlich unerschwinglichen Nylonstrümpfen. Sie war eine wahrhaft schöne Frau, aber das nützte ihr momentan überhaupt nichts. Kein Vater, kein Beruf und keine Idee, wohin sie ihr Leben lenken sollte – es war beileibe keine erbauliche Zukunftsaussicht. Also weinte sie leise, so würdevoll, wie es allein in einem öffentlichen Park möglich ist. Trotzdem mieden die

Vorbeigehenden sie mit größtmöglicher Distanz. Bis er plötzlich vor ihr stand.

Dwight York war ein gut aussehender junger Mann Ende
zwanzig, stets adrett gekleidet und frisiert. Mit seinem Charme
und seiner sanften Stimme lenkte er sogar überzeugend davon
ab, dass er von kleiner Statur war. Er war ein Blender, schon
damals. Und ihm war das Talent gegeben, genau die Menschen ausfindig zu machen, die für seine schönen Worte und
leeren Phrasen zugänglich waren. Eine sichtbar aufgebrachte
junge Frau, die unaufhaltsam auf einer Parkbank schluchzte,
war ein gefundenes Fressen – für diese Erkenntnis muss man
nicht einmal ein begabter Menschenkenner sein. Wenn meine
Mutter von der Begegnung berichtet, klingt es beinahe, als
wäre ihr Gott persönlich erschienen.

»Darf ich mich zu dir setzen?«, fragte er höflich, und da
war es vermutlich schon um die arme Jules geschehen. Höfliche Männer existierten in ihrem Weltbild überhaupt nicht.

»Ja«, piepste sie mit tränenbelegter Stimme, und von da
an wurde alles, auch wenn man es nicht für möglich gehalten
hätte, noch viel, viel schlimmer.

Unaufgefordert erzählte York meiner Mutter, dass sie eine
ganz besondere Aura habe und sowieso ein spezieller Mensch
sei, das habe er sofort bemerkt. Genau solche Leute suche er.
Leute, die so außergewöhnlich und großartig seien wie sie.
Nüchtern betrachtet klingt das mindestens fragwürdig, wenn
nicht gar gruselig, aber auf eine Frau, die in ihrem Leben nicht
sonderlich viel positive Aufmerksamkeit erfahren hatte und
sich nach Zuneigung und Stabilität sehnte, hatte Yorks Sermon eine unwiderstehliche Wirkung. Nüchtern betrachtet ist

es ein Grund wegzurennen, wenn ein wildfremder Mann einen offenbar zusammenhangslosen Vortrag über Wesensqualitäten hält, die er mit den Augen nicht erfassen kann.

Eine ganze Parade grellroter Warnlampen, die meine Mutter geflissentlich übersah. Er sei im Begriff, eine Gemeinschaft zu gründen, verkündete York feierlich, die solch wertvollen Seelen eine Heimat sein solle, und es wäre wirklich zu ihrem Vorteil, wenn sie sich ihm anschließe, fuhr er fort. Und so entschied meine schwangere Mutter, dass dieser Herr York etwas in ihr erkannte, was andere Menschen bislang nicht gesehen hatten – etwas Wunderbares, Außerordentliches –, und dass es ihr beschieden war, ihm zu folgen. Mit glasigen Augen hing sie an seinen Lippen, während York von dem großartigen Leben berichtete, das ihr nun unmittelbar bevorstand.

»Du musst nicht arbeiten gehen, meine Schöne. Du darfst dich um angenehme Aufgaben kümmern und deinem Kind beim Aufwachsen zusehen. Bei uns bekommt ihr regelmäßige Mahlzeiten, ihr habt ein Bett, und ich erwarte nichts von euch. Mir reicht völlig, dass ihr da seid; dass ich euch aus diesem schrecklichen Leben retten darf, dass ich euch predigen darf, dass ich euch zur Wahrheit führen darf. Das ist für mich Geschenk genug, Schwester.«

York bediente sich einer Vielzahl vielversprechender Phrasen und leerer Worthülsen, die einzig dem Zweck dienten, seine Opfer einzulullen.

An dieser Stelle sei noch erwähnt, dass Albert und William nicht die einzigen Männer in Lisas Leben waren. Es gab da noch Johnny, und sein Einfluss auf ihre Entwicklung war wohl zumindest einer der Gründe dafür, dass meine Mutter Männern nicht widersprechen konnte. Eigentlich hatte er ein Auge auf Helen geworfen, die älteste Schwester, die immerhin schon um die zwölf Jahre alt war. Die wusste sich allerdings zu wehren, und so blieb Johnny nichts anderes übrig, als sich der nächstbesten Alternative zu bemächtigen: meiner Mutter.

Die sexuellen Misshandlungen fingen an, als Jules gerade acht oder neun Jahre alt war, und zogen sich wie ein roter Faden durch ihre Kindheit und Jugend. Jules will Süßigkeiten? Johnny könne ihr helfen, gar kein Problem, aber sie müsse sich schon erkenntlich zeigen. Jules will eine neue Puppe? Da könne sie natürlich auf Weihnachten warten, vielleicht hätte sie ja Glück, aber ganz sicher wäre es nur, wenn sie Johnny noch einmal einen kleinen Dienst erweisen könnte. Jules will ihren Führerschein? Das ist aber ein großer Wunsch, erklärte Johnny, da müsse sie sich schon etwas ins Zeug legen. So lernte die kleine Jules, dass sich Gefälligkeiten in monetäre Güter umwandeln lassen.

Einfach so existieren zu können, ohne dass sich Männer sexuell an ihr vergingen, war für Mom wie ein bislang unerreichbarer Traum. Yorks windige Erzählungen wertete sie daher leider als Beweis, dass sie es mit einem wahrhaft Heiligen zu tun haben musste. Dieser Kerl war anders, er hatte ihre besondere Seele erkannt und würde ihr das Leben ermöglichen, das sie sich seit Jahren wünschte. Es wäre zu simpel, Jules vorzuwerfen, dass sie einfach bequem war und sich im gemachten Nest auf die faule Haut legen wollte – im Grunde sehnte sie sich schlichtweg nach der Kindheit, die sie nie gehabt hatte.

Endlich würde jemand auf sie achtgeben und sie lieben wie ein Vater. Endlich war Jules an der Reihe.

Es müsse sehr schnell gehen, drängte York, mit welcher Begründung, kann ich nicht sagen. Fest steht, dass er meiner Mutter die Dringlichkeit irgendwie glaubhaft machen konnte. Natürlich kam es für ihn darauf an, dass sie keine Zeit hatte, ihre folgenreiche Entscheidung zu überdenken. Es war nicht absehbar, wie lange sie brauchen würde, bis ihr dämmern könnte, dass sie im Begriff war, etwas sehr Dummes zu tun. Zwar war sie nicht in bester geistiger Verfassung, aber ich würde ihr trotzdem ein wenig Restverstand zugestehen. Also bewegte York sie dazu, sofort nach Hause zu gehen und ihre Sachen zu packen.

Viel war es nicht. Sie war einige Monate zuvor erst zu ihrer Schwester Helen gezogen, um Lisa und Johnny endlich nicht mehr um sich haben zu müssen. Die ältere Schwester war von der Genialität des Plans weniger überzeugt.

»Du willst einem wildfremden Typen folgen, um in einer Kommune zu leben?«, fragte sie fassungslos.

»Wenn du das so sagst, klingt es doof«, verteidigte sich Jules, während sie ihre Kleidung in einen Rucksack stopfte.

Helen lehnte mit vor der Brust verschränkten Armen unter einem zerknitterten Stevie-Wonder-Poster an der Wand und schaute vorwurfsvoll. »Natürlich klingt es doof«, erwiderte sie schließlich, »weil es halt doof ist.«

Meine Mutter hielt inne. »Ich bin schwanger«, offenbarte sie traurig und mit schwacher Stimme. »Das hier ist meine einzige Chance.«

Ihre Schwester wusste nichts zu erwidern, weil sie sich sehr wohl im Klaren darüber war, dass Jules keinerlei Perspektive hatte. Sie empfand die Entscheidung dennoch als falsch, aber die Offenbarung hatte ihr sämtliche Argumente aus dem Kopf gefegt.

» Pass auf dich auf «, bat sie beim Abschied und nahm Jules fest in ihre dünnen Arme. » Du kannst jederzeit zurückkommen. «

Natürlich konnte sie das nicht. Aber weder Helen noch Jules begriffen in diesem Moment, wie prekär die Situation tatsächlich war, in die meine Mutter uns beide manövrierte.

Noch am selben Tag stand sie mit halb vollen Taschen vor dem imposanten Brownstone-Komplex, in dem die Ansaaru Allah Community residierte, und wähnte sich unmittelbar an der verheißungsvollen Schwelle: Hier und jetzt würde ihr neues Leben beginnen. Sie war keine religiöse Frau, verglichen mit vielen anderen Amerikanern. Sie war in einer Gemeinde der Siebenten-Tags-Adventisten aufgewachsen, eine amerikanische Variante des Protestantismus. Die Familie ging in die Kirche, wie es sich für gottesfürchtige Amerikaner nun einmal gehört, aber Religion stand nie im Mittelpunkt. Sie war eine Begleiterscheinung des Lebens. Es ist abwegig genug, sich meine saufende, kiffende Großmutter überhaupt als Christin vorzustellen. Dass sie jeden Sonntag rechtzeitig aufgestanden wäre, um ihre Töchter zum Gottesdienst zu bringen, ist vollkommen undenkbar. Und nun sollte gerade diese Glaubensgemeinde Jules' neues Zuhause sein.

Mom sehnte sich nach Halt, nach irgendetwas, woran sie

sich mit Leib und Seele festhalten konnte. Sie wollte glauben, sie wollte zu einer Gemeinschaft gehören, und am allermeisten wollte sie, dass sich jemand für ihr Befinden interessierte und sie umsorgte. Sie hatte Geborgenheit gesucht und war sich ganz sicher, dass sie endlich fündig geworden war.

Geboren, Gott zu helfen

Es ist schwer zusammenzufassen, woran wir Anhänger der Ansaaru Allah Community glaubten. Oder vielmehr zu glauben hatten. Zum einen veränderten sich die Doktrinen in beständiger Unregelmäßigkeit, zum anderen ergaben sie allesamt so herzlich wenig Sinn, dass es wirklich schwierig ist, sie verständlich wiederzugeben. Ich will es trotzdem versuchen.

In ihren Grundfesten war die Gemeinde erst einmal und unumstößlich davon überzeugt, dass die Schwarzen das auserwählte Volk und die Weißen so etwas wie Teufel oder Dämonen seien. Das klingt für das ungeübte weiße Ohr ziemlich ungeheuerlich, aber diese Ideologie hat umgekehrt jahrhundertelang einwandfrei in den Köpfen der europäischen Bevölkerung funktioniert und erfreut sich noch heute vieler Anhänger. Natürlich ist diese Weltanschauung haarsträubender Unsinn. Ich möchte nur betonen, wie einfach es ist, Hass und Angst gegenüber einer anderen Hautfarbe zu schüren. Kolonialherren bedienten sich über Jahrhunderte dieser Taktik, es gibt keinen Grund, warum sie nicht auch umgekehrt funktionieren sollte. Mehr noch, sie liefert sogar fruchtbaren Boden: Die Weißen hassten alles Exotische aus einer diffusen Angst vor dem Unbekannten heraus. Und die ewig Unterdrückten hatten damit eine unerschütterliche Basis für ihre tiefe Abneigung. Unterdrückung geht an den Menschen nicht spurlos vorüber.

In der Ansaaru Allah Community waren Weiße folglich nicht willkommen. Da haben sie mal wieder richtig Glück gehabt. » Ansaaru Allah « ist Arabisch und bedeutet » Helfer Gottes «. Das mag dazu verleiten, uns für eine muslimische Glaubensgruppierung zu halten. Stimmt aber nicht. Wir waren ein Potpourri aus Christen- und Judentum, halsbrecherischen UFO-Geschichten und ja, auch eine gute Prise Islam war mit im Topf. Geschmeckt hat das Ganze überhaupt nicht, aber es wird nun einmal gegessen, was auf den Tisch kommt. Ich kannte es ohnehin nicht anders. Ich wurde hinter den Gitterstäben der Community geboren, und es sah zunächst ganz so aus, als würde ich eines Tages auch dort sterben.

In einer Sekte aufzuwachsen bedeutet, dass man sich jeden Tag wünscht, man könne sich einfach Flügel wachsen lassen und über den Zaun davonfliegen oder das metallene Gitter mit Superheldenkräften auseinanderbiegen und hindurchhuschen oder wie ein Maulwurf mit Schaufelhänden einen Tunnel darunter graben und einfach verschwinden. Es bedeutet aber auch, dass man in der Tiefe seines Herzens weiß, dass man niemals entkommen wird. Ein Teil von dir will es vielleicht auch gar nicht, egal, wie schrecklich es in der Sekte ist. Denn du kennst nur das, nur dieses Korsett, in dem du lebst, nein, existierst, gerade eben so, und was sich fernab dieses Mikrokosmos befindet, ist fremd und gefährlich und macht dir Angst. Hier kennst du das Elend immerhin, du weißt, wie sie dich hier misshandeln, die Schmerzen sind dir vertraut. Sie sind in dich übergegangen, haben deine DNA verändert und sind längst ein Teil von dir. Die anderen Schmerzen, die da draußen, sind dir fremd. Die Mär vom weißen Unterdrücker tut ihr Übriges und ist unglücklicherweise historisch tausendfach belegbar.

Und diese schwache Stimme in dir fragt: Was, wenn es draußen schlimmer ist?

Und du antwortest: Schlimmer halte ich nicht aus.

Und die schwache Stimme sagt: Dann bleib hier.

Und du bleibst.

Im Grunde ähnelte unser Brownstone-Komplex einem Gefängnis. Statt jedoch zum Aufenthalt verurteilt zu werden, schwärmten täglich noch mehr freiwillig in den Schoß des Imam, den Versprechungen eines Lebens frei von Handschellen, Rassenhass und jeglicher Repression folgend. Die Erwachsenen waren in der Segregation aufgewachsen, wurden angelockt von der Vision einer schwarzen Gemeinschaft, in der wir als Brüder und Schwestern füreinander da wären. Wir Kinder kannten kein Draußen, lediglich die Geschichten von Polizeiwillkür und Gewalt. Kein vernünftiger Mensch würde sich dem freiwillig aussetzen.

Die Gebäude waren um einen Hof herum platziert; wo keine Steinwand als Abgrenzung zur Außenwelt diente, befand sich ein massiver Eisenzaun. Das einzige Tor war rund um die Uhr bewacht. Jeweils zwei Wachen waren zeitgleich eingeteilt, sie trugen ihre Waffen offen in der Hand oder lässig an einem Gurt über der Schulter. Frauen und Männer, Mädchen und Jungen wohnten in verschiedenen Häusern oder zumindest Stockwerken. Müttern war es untersagt, mit ihren Kindern zusammenzuleben.

Einmal in der Woche durften wir sie auf dem Hof treffen, vorausgesetzt, wir folgten dem Koranunterricht aufmerksam und gewissenhaft. Jeden Freitag hielt man uns an, die »99 Attribute Allahs« aus dem Gedächtnis zu rezitieren; unterlief einem ein einziger Fehler, folgte konsequent der Ausschluss vom abendlichen Beisammensein. Auch die Begegnungen mit unseren Müttern wurden nach Alter und Geschlecht aufgeteilt, wir reihten uns auf dem Hof auf wie Kunden einer Postfiliale und warteten genügsam auf die kostbaren Augenblicke. Ich war keine gute Koranschülerin, deshalb sah ich meine Mutter manchmal monatelang nicht. Obwohl ich in die Ideologie der Sekte hineingeboren wurde, ergab sie für mich von Beginn an keinen Sinn.

» Tamika «, mahnte mein Lehrer streng. Es war ein schöner Tag im Frühling. Auf dem sandigen Boden des Innenhofs sprossen handtellergroße Grasflecken, die Sonne streichelte die braunen Wände, durch die Gitterstäbe des Zauns waren knospende Bäume zu sehen. Holzapfelblüten flogen den Bürgersteig entlang wie fette Schneeflocken, und Stare trällerten im Vorbeiflug Melodien, die fetzenhaft an mein Ohr drangen. Ich saß im Klassenzimmer, den Blick auf die Choreografie eines kleinen Vogelschwarms geheftet, und stellte mir vor, ich wäre woanders. Erst malte ich mir aus, ich wäre draußen im Innenhof und versuchte, streunende Blütenblätter zu fangen und in meinem Rocksaum zu sammeln, als wären sie kleine Kostbarkeiten. Dann stellte ich mir vor, einfach mit den

Vögeln über den Zaun in die Freiheit zu fliegen. Zu guter Letzt träumte ich mich noch viel weiter weg, nach Mittelerde oder Narnia, zu singenden Zwergen, sprechenden Tieren und anmutigen Elben.

Natürlich war Fantasy-Literatur in der Sekte streng verboten. Genau genommen war so gut wie jede Literatur verboten. Der Koran war erlaubt sowie die unzähligen Bücher unseres ehrwürdigen Führers Dwight York, aber Austen oder Dickens, C. S. Lewis oder J. D. Salinger gehörten nicht in ein dem Glauben gewidmetes Curriculum. Vielleicht war das auch der Grund dafür, dass uns das Lesen erst gar nicht beigebracht wurde. Wir waren angehalten, den Worten des Lehrers aufmerksam zu folgen und auf diese Weise den Koran und die zerstreuten Ausführungen Yorks zu verinnerlichen. Ziel war es, die heiligen Schriften auswendig zu lernen.

Dafür musste man nicht lesen können. Fantasie und Wissen sind gefährlich für den Erhalt einer Sekte. Je mehr man seine Anhänger isoliert, desto einfacher ist es, sie zu indoktrinieren, jeden konträren Gedanken im Keim zu unterbinden. Wer nichts anderes kennt, kann sich auch nichts anderes vorstellen. Darum gingen wir auch nie allein in die Welt hinaus. Wenn wir zum Arzt mussten, wurden wir stets von Aufpassern begleitet. Andere Möglichkeiten, den Komplex zu verlassen, gab es nicht. Sämtliche in der Sekte geborene Kinder wurden nicht registriert. Offiziell existierten wir nicht. Wir waren alle kleine, laufende Dunkelziffern.

Entsprechend zerknirscht war York, als gerichtlich beschlossen wurde, dass die Kinder der Ansaaru Allah Community fortan auf öffentliche Schulen gehen müssten. Wir selbst machten auch nicht gerade Luftsprünge. Unser ganzes Leben lang hatte man uns beigebracht, dass es da draußen gefährlich ist, unberechenbar, dass man uns dort hasst und verachtet, weil wir die Auserwählten sind. Es gab genug Beweise, uns zu überzeugen war nicht schwer. Die Erwachsenen konnten zur Genüge von ihren Erlebnissen berichten, von Weißen, die Schwarze angriffen, ob mit oder ohne Polizeiabzeichen, psychisch oder physisch. Der Schulweg, der Unterricht, die Mitschüler, die Pädagogen, alles erschien durchweg potenziell lebensbedrohlich.

An meinem ersten Schultag war ich beinahe starr vor Angst. Ich wagte es nicht, mit den anderen Kindern zu sprechen, die Hand zu heben, ich wollte nicht einmal auf die vermeintlich unsauberen Toiletten gehen, also hielt ich den ganzen Vormittag über an. Es dauerte eine ganze Weile, bis ich begriff, dass dies hier die Freiheit war, dass Lesen, soziale Kontakte und Bildung Freiheit waren. Ich begann, Bücher aus der Schulbibliothek zu schmuggeln und sie heimlich zu lesen. Am meisten angezogen war ich von Fantasy-Büchern, vermutlich, weil sie am allerwenigsten mit meinem Leben zu tun hatten. Die Guten gewannen immer, das Böse wurde besiegt, alle Rollen waren klar verteilt, es gab keine Grauzonen. Geschichten voller kunterbunter Fabelwesen in exorbitant weitreichenden Welten und abenteuerliche Heldensagen sogen mich in sich hinein und verschlangen mich.

An eine dieser Geschichten dachte ich, als ich im obligatorischen Koran-Unterricht saß und mich aus dem Fenster hinfort tagträumte.

»Tamika«, wiederholte mein Lehrer, der Schärfe zufolge nicht zum ersten Mal, und ich zuckte zusammen. Der Raum war, wie eigentlich alle Räume unseres Gefängnisses, schmucklos. Es gab keine Teppiche, keine Pflanzen oder Bilder, keine Musikinstrumente, nicht einmal Regale. Es gab keine Stifte und kein Papier, wir hätten damit sowieso nichts anzufangen gewusst. Mein Lehrer fuhr mich an, und zu meiner Überraschung stellte ich fest, dass ich ihn für den Bruchteil einer Sekunde nicht verstand.

Als ich herauszufinden versuchte, wieso seine Worte nur häppchenweise in meine Gehirnwindungen drangen, wurde mir bewusst, dass ich auf Englisch geträumt hatte. Die Bücher, die ich heimlich las, waren allesamt auf Englisch geschrieben, darum war es vielleicht nicht weiter überraschend. Dennoch schlug mein Herz für ein paar Klopfer einen Deut schneller, denn dieser Moment schien den Beginn meiner Lossagung und Ichfindung zu manifestieren. Meine erste richtige, innerliche Freiheit. Das erste Mal, dass es sich nicht anfühlte, als würden meine Gedanken wie Handpuppen gesteuert.

Mein Lehrer sprach Arabisch. Wir sprachen alle Arabisch. Es war meine Muttersprache, obwohl es nicht die Sprache meiner Mutter war. Tausende Kilometer entfernt vom nächsten arabischsprachigen Land wuchs ich mit ebendieser Sprache auf – und nur dieser Sprache. Englisch lernte ich, wie Lesen, Schreiben und Rechnen, erst, als ich auf eine öffentliche Schule gehen durfte. Deswegen war es so erhebend festzustellen, dass mein Gehirn still und heimlich entschieden hatte, zu rebellieren und auf Englisch umzuschalten. Ich glaube, ein Teil von mir war nicht ganz sicher, ob die ranghöheren Mitglieder, die Geistlichen und York selbst, nicht vielleicht sogar Gedanken lesen konnten. In Anbetracht der anderen außergewöhnlichen Fähigkeiten, die York zugeschrieben wurden, war Gedankenlesen nahezu unspektakulär.

Ob meines inneren Triumphs wurde mir erst mit kaum merklicher Verzögerung bewusst, dass mein Lehrer nicht erfreut über mich war. Als wollte er sich selbst noch unglücklicher machen, fragte er mich prompt nach den *asma ul-husna* – den 99 Namen Allahs, die ich, so die Theorie, zu jeder Zeit bereitwillig aufzusagen hatte. Nun kannte mich mein Lehrer schon seit vielen Jahren und hätte wissen müssen, dass ich spätestens nach zwei Dutzend Namen am Ende meines Vortrags ankommen würde. Das Fassungsvermögen meines Gehirns ist ohne Zweifel groß genug für noch wesentlich mehr als 99 Namen, aber es fiel mir schon immer schwer, mir Dinge einzutrichtern, die mir vollkommen sinnleer erscheinen. Er fragte nun aber trotzdem, also tat ich mein Bestes und landete, nicht ganz unironisch, bei Al-Ghaffaar, dem Vergebenden, als mir die Alternativen ganz plötzlich versiegten.

Ich durfte den Unterricht nicht einmal verlassen, um meine Strafe direkt anzutreten. Stattdessen saß ich bis zum Ende auf meinem Platz, wurde strengstens beobachtet, auf dass meine Gedanken es ja nicht wagten, sich aus den begrenzten Quadratmetern des Raumes hinauszubewegen, und harrte meiner Buße. In meinem Kopf vermischten sich fantastische Szenen aus der Smaragdstadt in Oz mit Erinnerungen an wirklich erlebte Schläge und Fausthiebe, was es mir beinahe unmöglich machte, geistig anwesend genug zu bleiben, um meine Strafe nicht noch weiter zu verschlimmern.

Um meine eindringlichen, Aufmerksamkeit vortäuschenden Blicke nicht zu penetrant an die Lippen des Lehrers zu hängen, musterte ich zwischendurch abwechselnd einen nicht weiter definierbaren floridaförmigen Fleck auf dem Boden und die rechte obere Ecke des Raums. Ich fokussierte all meine Kraft darauf, erbarmungslos konzentriert den Unterweisungen zu folgen. Ich glaube, dass mich diese unzähligen Stunden meines Lebens richtig gut auf langweilige Dates vorbereitet haben, auch wenn das vom eigentlichen Zweck des Unterrichts sehr weit entfernt war. Gefühlt vergingen Stunden, bis der Lehrer uns endlich anhielt zu gehen.

Ich zögerte einen Moment und überlegte, ob ich nicht einfach mit meinen Mitschülern durch die Tür huschen könnte. Natürlich konnte ich nicht. Der Lehrer hätte mich gesehen, und selbst wenn ich in dem Rauschen aus weiten Roben und Gewändern untergegangen wäre, hätte er mich in null Komma nichts gefunden. Es gab ja keine Möglichkeit, wirklich zu fliehen. Ich wäre noch immer irgendwo in diesem Gefängnis gewesen, und über kurz oder lang hätte man mich aufgespürt. Meine Strafe wäre damit also nur aufgeschoben, nicht aufgehoben gewesen und mit Sicherheit noch viel grässlicher ausgefallen als ohnehin schon.

Also ging ich schweigend, den Kopf gesenkt, zu dem imposant großen Mann, der mich mit verschränkten Armen unter gekräuselter Stirn ansah, und blieb direkt vor ihm stehen. Er trug eine grüne Kofia und eine Boubou, ein farbenfrohes afrikanisches Gewand, das ihn von uns grauen Mäusen abhob wie einen Papageien in einer Taubenschar. Seine langen Finger umschlossen meinen dürren Oberarm komplett wie eine Würgeschlange, als er mich vor sich her aus dem Raum schob, den Gang entlang und schließlich die Treppe hinauf, weiter und weiter, bis wir auf dem Dachboden angekommen waren.

Bis zu diesem Moment wusste ich noch nicht einmal, dass es einen Dachboden gab, und dachte trotz meiner Todesangst kurz darüber nach, ob ich mich künftig hier verstecken sollte, um in Ruhe zu lesen. Ein knapper Blick durch den Raum verriet, dass diese Dielenbretter nur in den seltensten Fällen von Menschenfüßen betreten wurden. Durch ein kleines, schlierig dreckiges Fenster fiel ein einzelner fahler Lichtstrahl, in dem Staubpartikel tanzten. Im Glas war ein Sprung, der sich quer durch die Scheibe zog. Außer der stoßartigen Atmung des Muallim in meinem Nacken hörte ich nur zartes Pfotenkratzen auf dem Holzboden. Es klang mindestens so mutlos, wie ich mich fühlte.

» Stell dich da hin «, bellte der Muallim, und ich gehorchte, hauptsächlich aus Ermangelung an Alternativen. Er befahl mir, mich kerzengerade, einen Hauch von der Wand entfernt, aufzustellen und mich tunlichst nicht mehr zu regen. Dann begann er, Bücher auf meinem Kopf zu stapeln. Etwas in mir entspannte sich. Verglichen mit den Misshandlungen, die sonst zum täglichen Leben gehörten, erschien mir dies fast schon harmlos. » Nicht bewegen «, knurrte der Muallim, während die Bücher im Takt meines noch immer kräftig pochenden Herzens auf meinem Scheitel wankten. Dann trat er einen Schritt zurück, betrachtete sein Werk und nickte sich selbst zustimmend zu. Ich wollte fragen, was nun passieren würde, aber ich traute mich nicht. Stattdessen sah ich von der Seite, dass der Muallim aus einer finsteren Ecke einen Stuhl über den Boden schleifte und dabei kleine Schneisen in den Staub und Schmutz schlug. Ich konnte den Kopf nicht drehen, weil dann vermutlich alle Bücher hinuntergepurzelt wären, und das wollte ich unbedingt vermeiden. Also beobachtete ich ihn aus dem Augenwinkel. Er platzierte sich so, dass ich ihn zwar erahnen, aber nicht richtig sehen konnte. Eigentlich nur ein Detail, aber irgendwann macht es dich mürbe.

Ich weiß nicht, wie lange es dauerte, bis mir die Beine zu schmerzen begannen. Die Augen taten mir weh, weil ich ständig versuchte, etwas außerhalb meines Sichtfelds zu erhaschen. Zum Beispiel, dass der totenstillschweigende Muallim an seinen Fingernägeln gnapste oder die Farbe der untergehenden Sonne hinter dem Dreckfenster. Einmal lief mir etwas über die Füße, und ich schaffte es, nicht zu schreien, zuckte allerdings, und alle Bücher fielen zu Boden.

»Dann bleiben wir eben länger«, raunte der Muallim, als er den Stapel wieder auf meinem Kopf platzierte. Seine Nase berührte meine, und sein Gesicht dünstete diesen grässlichen Geruch aus, nach Banane, Schweiß, Knoblauch, Haarpflegeprodukten und Fisch. Ich habe in meinem Leben viele Männer getroffen, die genauso gerochen haben, und es ruft bis heute einen Würgereflex bei mir hervor.

Nach einigen Stunden, ich kann nicht sagen, wie viele es waren, tat mir alles so weh, dass ich zu zittern begann. Mein Gesicht, meine Beine, sogar meine Eingeweide zitterten, und ich bildete mir ein, spüren zu können, wie meine Herzkammern und Lungenflügel in meiner Brust flatterten. Mir war, als hätte man jede Ader in mir gegen Zündfäden ausgetauscht und eine um die andere in Brand gesetzt. Die Bücher auf meinem Kopf waren recht dünn und leicht, vermutlich weil es Pamphlete des Imam waren, aber nun fühlte es sich an, als lasteten hundert Kilo auf meinem Hals. Meine Zähne hatte ich fest zusammengebissen und die Fäuste geballt, ohne dass es mir bewusst gewesen wäre. Jede Faser meines Selbst war zum Zerreißen dünn, so angespannt war ich. Doch ich wagte es nicht, mich zu bewegen, nicht einmal ein winziges bisschen. So stand ich da, aufrecht, wie ein Grashalm an einem außerordentlich windstillen Tag.

Während der Muallim quälend behäbig aufstand und gemächlich auf mich zuschlurfte, während er die Bücher, eines nach dem anderen, von meinem Kopf nahm und behutsam hinüber zum Stuhl trug, um sie bedächtig auf der Sitzfläche abzulegen, während er Stuhl und Bücher mühsam zurück in ihre angestammte dunkle Ecke brachte, rührte ich mich noch immer keinen Millimeter. Bis er endlich vor mir stand und sein gewaltiger Rumpf mein gesamtes Blickfeld verdeckte.

»Es ist Schlafenszeit«, informierte mich der Rumpf und ging. Ich wartete, bis seine Schritte nicht mehr zu hören waren, um in mich zusammenzufallen wie ein Kartenhaus. Ich war zu erfüllt von Schmerz, um überhaupt Hunger zu spüren, und das war gut so, denn außerhalb der geregelten Mahlzeiten hätte ich auch nichts bekommen. Als ich schließlich versuchte, mich aufzurichten, weinte ich lautlos, denn die Schmerzen waren kaum erträglich.

Ein Leben für Gott sollte das sein. Mir kam es nicht einmal wie ein Leben vor.

Von Fajr bis 'Isha

Ich war weder lebendig noch tot. Ich existierte auf einer rein elementaren Ebene, ich atmete, und meine Körperfunktionen waren intakt, aber am Leben war ich nicht. Dafür fehlte es mir an allem, was wir gemeinhin als lebenswert empfinden. Für mich stand außer Frage, dass ich die Bushwick Community verlassen musste. Sonst wäre ich irgendwann auch physisch tot gewesen. Ich konnte mir nicht vorstellen, in meinem Gefängnis sonderlich alt zu werden.

Besonders plastisch blieb mir ein immer wiederkehrender Traum in Erinnerung. Links von mir ragte ein Wolkenkratzer in den Himmel, so hoch, dass man nur vermuten konnte, er finde irgendwo ein Ende. Ich streckte die Hand aus und fuhr mit den Fingerspitzen über den glatten, grauen Stein, eine imaginäre Linie entlang, und spürte, wie die Kälte des Gebäudes durch meine Hand in meinen Arm und jeden Knochen meines Körpers kroch. Kaum ein Blatt Papier hätte zwischen mich und die eisige Fassade gepasst. Doch nach rechts drehen konnte ich mich nicht, denn auch dort stand ein Wolkenkratzer, vollkommen identisch mit dem ersten. In meinem Rücken spürte ich einen dritten, und vor meiner Brust türmte sich ein vierter in die Luft, sodass ich ganz und gar umzingelt war von kaltem Grau. Obwohl ich es nicht sehen konnte, spürte ich instinktiv, dass hinter den Wänden weitere Wände waren, unendlich viele, über die ganze Welt verteilt, es gab hier nur mich und die Wolkenkratzer, sonst niemanden, keine Menschenseele, nicht einmal eine einzige Fliege. Der einzige Ausweg war der lichtblaue Himmel. Also überlegte ich, wie ich nach oben gelangen konnte, bis ich endlich aufwachte und sah, dass um mich herum keine grauen Wände waren, nur die ebenso graue Wirklichkeit, die mich umfing. Das beklemmende Gefühl verschwand bis zum Abend nicht, und am darauffolgenden Tag schnürte es mir noch immer den Brustkorb ein, durchzog jeden Moment der Vergangenheit, Gegenwart und Zukunft. Ich musste ins Freie klettern, im Traum wie in der Realität, sonst würde ich ganz sicher in beiden Welten ersticken.

Unser Tag strukturierte sich um die fünf Gebete herum. Fajr, zu Deutsch »Morgendämmerung«, fand bereits vor dem Sonnenaufgang statt. Schlaftrunken wankte ich jeden Tag die unzähligen Treppen hinunter, auf den Hof hinaus und ins Gebetshaus. Üblicherweise kennt man aus Moscheen den architektonischen Kniff, der es ermöglicht, dass Männer ebenerdig, nah an der Kanzel beten, während sich die Frauen auf einer Empore oder einem Balkon befinden. Unsere »Masjid«, wie Moscheen auf Arabisch genannt werden, war geräumig und pompös. Eigentlich überraschend, wenn man bedenkt, dass York sich einen feuchten Dreck um Religion oder Allah scherte, sondern ausschließlich daran interessiert war, möglichst bequem zu leben und dabei möglichst viele Frauen –

und, so munkelt man, Männer – zu bumsen. Genug Platz für eine Geschlechtertrennung und für alle Lämmer des Imam gab es jedoch nicht, insbesondere weil unsere Gemeinde laufend wuchs und neue Anhänger gewann. Vom Minarett rief der Muezzin zum Gebet, Boden und Wände der Moschee waren aufwendig geschmückt.

Frauen und Mädchen, Männer und Jungen beteten zu leicht versetzten Zeiten, eine andere Lösung gab es in Ermangelung einer noch größeren Masjid nicht. Mein Jahrgang stolperte also jeden Morgen gemeinsam in den Gebetsraum. Unser einziger Trost war, dass die Sonne in New York selbst zur Mittsommernachtswende erst um halb sechs Uhr morgens aufgeht. In Berlin wird es da schon seit einer Stunde hell. Im Gegensatz zu anderen Religionen beteten wir nicht still, sondern riefen die Worte gemeinsam aus, während wir uns immer und immer wieder aufrichteten und zu Boden warfen. Danach schlurfte ich zurück ins Bett. »Bett« ist allerdings eine hochgegriffene Bezeichnung für unser Schlaflager. In einem richtigen Bett mit Matratze und Lattenrost schlief ich zum ersten Mal als Teenager.

Wie bereits erwähnt lebten wir zu ziemlich vielen in einem weitläufigen, aber doch nicht unendlich großen Bereich zusammen oder eher nebeneinanderher. Die Wände waren einst weiß gestrichen worden, nun zierten sie überall dreckige Finger-, Hand- und Schuhabdrücke. Der Linoleumboden war hier und da mit billigen Perserteppichimitaten bedeckt, die größtenteils so ausgelatscht waren, dass man die vertrackten Muster kaum noch sah oder die Bastbasis durch den dünnen Stoff schimmerte.

Menschen, die die Würde des anderen auch nur einen Funken interessiert, hätten die gut geölte Maschinerie wie eine Jugendherberge aufgebaut, mit großen Hallen für gleichaltrige, gleichgeschlechtliche Gruppen. Dwight Yorks Vision des gemeinsamen Lebens glich aber eher einem modernen amerikanischen Deportationslager oder einer Flüchtlingsunterkunft in Deutschland 2015. Statt in Doppelbetten schliefen wir auf Yogamatten auf dem Boden, eng aneinandergedrängt, mit dünnen Kissen und Decken, die im Winter nicht wärmten. Im Sommer quälte uns die Körpertemperatur der Mädchen um uns herum. Im Grunde war es nicht möglich, erholsam zu schlafen. Wir waren vielmehr Delfine, eine Hirnhälfte blieb immer wach, es ist ein Wunder, dass wir nicht alle anfingen Fight Clubs zu gründen.

Nach zwei Stündchen auf der Matte quälten wir uns wieder auf, zum Frühstück. Fleisch gab es nur zu Feiertagen und besonderen Anlässen, nicht aus Überzeugung, sondern purem Geiz. Meist aßen wir zum Frühstück irgendeine nicht identifizierbare Art Grieß ohne Gewürze oder Zucker. Der alleinige Zweck von Nahrung bestand darin, uns am Leben zu halten, Geschmack oder Nährstoffgehalt spielten keine Rolle. Eigentlich hätten wir alle an Skorbut krepieren müssen. Sind wir aber nicht. An manchen Tagen wäre es mir wie eine Erlösung vorgekommen.

Nach dem Frühstück verteilten wir uns auf separate Klassenzimmer. In Anbetracht der Anordnung der Räume und der Sammeltoiletten in jedem Stockwerk liegt der Verdacht nahe, dass York eine alte Schule gekauft hatte und sie für seine kruden Zwecke minimal umbauen ließ. Welche Ironie, bedenkt man, dass wir dort niemals in den Genuss regulären Unterrichtsstoffs kamen. Wir wurden auf unsere späteren Pflichten vorbereitet. Was das für die Jungen bedeutet haben mag, ist mir ein Rätsel. Wir Mädchen lernten, gute Ehefrauen zu werden. Dafür bedurfte es einer speziellen Ansammlung von Fähigkeiten, die hauptsächlich dazu dienten, den zukünftigen Ehemann möglichst glücklich zu machen. So lernten wir, im Rahmen der Möglichkeiten, zu kochen. Nicht so, dass es schmeckte, dafür fehlten die Zutaten. Aber eben so, dass man nicht an einer Lebensmittelvergiftung starb oder die Küche in Brand setzte. Außerdem brachten andere Frauen uns das Nähen und Flicken bei.

Da ich das Talent meiner Mutter nicht geerbt hatte, fiel mir die Handarbeit schwer. Wir saßen auf dem Boden, wie in vielen Fächern, denn Möbel hätten Geld gekostet, das der ehrwürdige Imam lieber in sein Eigenheim, Reisen oder seine Musikkarriere investierte. Manchmal gab es Teppiche oder sogar Kissen, dann war der Po immerhin warm, wenn auch nicht merklich gepolstert. Meist hockten wir aber im Schneidersitz auf dem nackten PVC-Boden und übten uns in Stickarbeit und Makramee, bis uns die Finger bluteten.

Vor dem dürftigen und meist kalten Mittagessen in der großen Mensa fand das zweite Gebet des Tages statt, Dhuhr. Zu diesem Zeitpunkt waren viele von uns schon furchtbar müde, insbesondere die Kleinen waren erschöpft. Der rigide Tagesablauf war für alle Altersklassen gleichermaßen verpflichtend. Sekten können nicht zulassen, dass du zu viel Freizeit hast, weil du dann anfangen könntest, eigene Gedanken zu entwickeln. Das ist riskant, weil dir dabei auffallen könnte, wie bescheuert dein Leben ist. Selbst wer nie etwas anderes erlebte, hätte dem vagen Verdacht anheimfallen können, dass es überhaupt nicht normal ist, ohne einen Funken Freiheit aufzuwachsen. Heranwachsende hätten beginnen können, vermeintliche Wahrheiten kritisch zu hinterfragen und Fetzen des Lebens hinter dem Maschendrahtzaun aufzuschnappen – und hätten womöglich den brandgefährlichen Schluss gezogen, dass es eine Alternative zu diesem Bockmist gab. Also mussten wir beschäftigt werden, von Sonnenaufgang bis Sonnenuntergang, aber um Himmels willen nicht mit echten Lehrinhalten, die uns auf die Welt aufmerksam gemacht hätten, wenn die Welt uns schon so geflissentlich zu ignorieren schien.

» Meinst du, die da draußen interessieren sich für uns? «, fragte ich meine Freundin Michelle eines Nachts. Wir lagen nebeneinander auf dem Boden wie Sardinen in der Büchse, nur so war es ihr möglich, meine geflüsterten Worte zu verstehen. Es war strengstens untersagt, während der Nachtruhe zu sprechen, oft fanden wir Wege, es dennoch zu tun, nicht selten wurden wir erwischt und für unseren unverfrorenen Ungehorsam gezüchtigt. Michelle überlegte so lange, dass ich schon vermutete, sie wäre eingeschlafen.

» Ich glaube nicht «, sagte sie schließlich.

» Aber sie sehen uns doch jeden Tag, wenn sie vorbeigehen. Diese eine Frau sehe ich jeden Abend, sie ist bestimmt auf dem Heimweg. Sie ist immer piekfein angezogen und trägt meistens Hosen. Manchmal erwische ich sie dabei, wie sie durch den Zaun guckt. «

»Hm.«

»Ich weiß nicht, ob sie auch sonst an uns denkt, aber zumindest in diesem Moment muss sie doch irgendwelche Gedanken haben.«

»Wahrscheinlich.«

»Ich kann mir nicht vorstellen, dass sie uns beneidet, sie ist ja da, in der Freiheit, und begafft uns wie in einem Zoo.«

Ich hatte natürlich noch nie einen Zoo von innen gesehen, aber das Konzept war mir durchaus bekannt, und mir war schmerzlich bewusst, dass wir letztlich wie zur Schau gestellte Affen erscheinen mussten.

»Ich weiß nicht«, sagte Michelle zögerlich, »vielleicht denkt sie auch, wir haben es gut, so geschützt, wie wir hier drinnen sind. Sie erlebt sicher viel Schmerz und hat bestimmt keine Sicherheit wie wir.«

»Sicherheit wovor?«, entgegnete ich wütend und erhob beinahe meine Stimme vor Aufregung. »Sie misshandeln uns hier doch auch.«

Ich verbrachte den Großteil meiner Zeit damit, über derlei Dinge zu grübeln, bis mir der Kopf rauchte. Viele von uns schienen immun gegen die Verführungen der Freiheit. Die Saat der Angst steckte zu tief in ihren Körpern, die Infiltrierung ihrer ureigenen Gedanken und Wünsche hatte Erfolg. So viel Glück hatte ich nicht. Mein freier Geist ließ sich nicht unterjochen. Ohne ihn wäre es mir sicher besser ergangen.

Ballett gehörte ebenfalls zu meiner Ausbildung, weil es wichtig ist, dass sich Frauen grazil und lautlos bewegen. Außerdem hat Beweglichkeit beim Sex noch keinem geschadet, und je aufregender die Frau, desto mehr hat der Ehemann später von ihr. Der Tanzunterricht begann, bevor ich überhaupt laufen konnte. Meine ersten Schritte fanden in einer Ballettstunde statt. Bis heute sitze ich wie eine Salzsäule. Frauen haben sich nicht auf Stühle und Sofas zu fläzen, derlei Verhalten sei unweiblich und würdelos, erklärte man uns. Kein Mann wolle eine Frau heiraten, die sich gemütlich auf ein Möbelstück lümmelt. Bequemlichkeit war respektlos, Respektlosigkeit war Haram. Ab und zu ertappe ich mich heute dabei, meine Tochter zu maßregeln, wenn sie es sich gemütlich macht. Die Lehren aus der Kindheit schlagen eben tiefe Wurzeln, wie absurd sie auch sein mögen. Dann erinnere ich mich daran, dass sie ein Kind ist, und wünsche mir für einen winzigen Augenblick, ich hätte auch einmal eines sein dürfen.

Überraschender ist wohl, dass wir Mädchen Mathematik lernen sollten. Nichts Komplexes, keine Differenzialgeometrie oder Wahrscheinlichkeitslehre, aber einfache Arithmetik, Dreisätze, Prozentrechnung. Mit Emanzipation hatte das freilich nichts zu tun, vielmehr ging es darum, uns das Handwerk zu vermitteln, um später die Finanzen eines Haushalts durchblicken zu können. Für die banale, langweilige Rechenarbeit in der Sekte und in einer Ehe ist die Frau zuständig. Männer geben sich mit derart trivialen Aufgaben nicht ab.

Die Grundlagen des Lesens und Schreibens lehrte man uns im Arabischunterricht, ein Umstand, der mir mein Leben später spürbar erschweren sollte (obgleich ich Arabisch nie fließend lesen oder schreiben konnte). Wir sprachen und lernten innerhalb der Community kein Englisch, auch Neuzugänge, die bisher nur Englisch gesprochen hatten, mussten die Sprache des Herrn lernen. Als ich im Teenageralter endlich die Chance hatte, Englisch zu lernen, fiel es mir furchtbar schwer, von links nach rechts zu schreiben, weil es für mein Verständnis rückwärts war.

Die Tatsache, dass sich unser gesamtes Leben auf Arabisch abspielte, mitten in New York City, zeigt deutlicher als nahezu alles andere, wie sehr wir uns in einer Parallelwelt befanden. Die dämlichen zusammengeklauten religiösen Praktiken und UFO-Geschichten, der Missbrauch und der Sippenfokus sind nicht ungewöhnlich, man findet Teile davon in Abertausenden Haushalten in jedem einzelnen Bundesstaat. Es gibt diverse Sekten, allerdings bemächtigen sie sich keiner anderen Sprache oder verbieten ihren Mitgliedern wenigstens das Englische nicht, als wäre es eine Sünde. Die Hingabe, mit der unsere Isolation zur Perfektion getrieben wurde, spiegelt sich in dem Verbot, die Sprache unserer direkten Umgebung zu sprechen. Selbst wenn vor unseren Toren Menschen entlangliefen, die sich über etwas unterhielten, von dem wir nichts wissen sollten, war es für diejenigen von uns, die in der Community aufgewachsen waren, unmöglich, etwas zu verstehen. Wir waren nicht mehr Bürger der Vereinigten Staaten. Wir waren Ansaari. Das war unsere einzige Identität.

Am späten Nachmittag trafen wir uns zum dritten Gebet des Tages, 'Asr. Nach dieser kurzen Unterbrechung wurde wieder an unserer Erziehung und Ausbildung gefeilt, bis wir mürbe waren – ob es draußen fror oder wir unter der New Yorker Bullenhitze litten.

Der Koranunterricht war mit meilenweitem Abstand das wichtigste Fach. Und das, obwohl wir gar keine streng muslimische Gemeinde waren! Wir glaubten nicht, woran Muslime glauben. Ich jedenfalls kenne niemanden, der außerhalb der Bushwick-Gemeinde aufwuchs und trotzdem davon überzeugt ist, dass unser Imam ein Trillionen Jahre alter Außerirdischer sei. Deswegen waren wir auch keine Moslems, sondern » Nubian Islamic Hebrews «: eine Wortschöpfung des Imam.

Die Nubier sind ein Volk in Ägypten und im südlich an das Land grenzenden Sudan, Nubien ist ein Landstrich zu beiden Seiten des Nils im Südosten des heutigen Ägypten. Der Grundstein für die spätere altägyptische Fanfiction, die York als Entstehungsmythos unserer Gruppierung etablierte, wurde also schon früh gelegt. Die Bezeichnung » Hebräer « beizumischen, ergab herzlich wenig Sinn, war aber politisch sicher von großer Bedeutung. York war daran gelegen, uns Schwarze und Braune von den Christen abzugrenzen, außerdem half es dabei, Zugehörige verschiedenster Gruppierungen für die Sekte zu gewinnen.

Da es den Frauen strengstens untersagt war, mit *kafirun*, den Ungläubigen, zu sprechen, erweiterte York die Infrastruktur des Komplexes sukzessive Jahr für Jahr, um als Endziel zu erreichen, dass sämtliche Belange des Lebens innerhalb des Maschendrahtzauns abgehandelt werden konnten. Schließlich verfügte die Kommune über einen Tante-Emma-Laden, ein Aufnahmestudio für Yorks Musikprojekte und sogar einen Waschsalon. Je weniger Kontakt mit der Außenwelt, desto reibungsloser würde das Leben innerhalb der Sekte verlaufen, so die Theorie.

Nach meinem Austritt aus der Sekte ging York schließlich so in seiner Rolle als Glaubensführer und heiliger Vater auf, dass er einen Schritt weiter ging und tat, was sonst nur aus Fantasy-Literatur bekannt ist: Er erfand eine Sprache, Nawaubian, die fortan von den Kindern der Community gelernt und gesprochen werden musste. Mir blieb unter Yorks Tyrannentum nicht viel erspart, aber ich schätze mich glücklich, nicht auch noch eine im realen Leben vollkommen überflüssige und sinnlose Sprache erlernt haben zu müssen. Man muss sich über die kleinen Dinge freuen. Sonst wird man verrückt.

Nach dem Unterricht gab es ein ungenießbares Abendessen, und das vierte Gebet stand auf der Tagesordnung, Maghrib. So wir uns am Tage nichts zuschulden kommen ließen, bestand die Gelegenheit, uns im Rahmen der beschränkten Möglichkeiten zwischen dem Abendgebet, Maghrib, und dem Nachtgebet, 'Isha, ein wenig die Zeit zu vertreiben. Ein vollkommen unnötiges Entgegenkommen, weil es nichts gab, womit man sich hätte die Zeit vertreiben können. Die Frauen hatten einen Fernseher, der für die Mädchen streng verboten war und dementsprechend eine Art Magie verbreitete. Ich fragte mich, was für gefährliche Dinge aus diesem Gerät kommen mochten, dass er für uns biegsame Geister zu riskant erschien. Ich fragte meine Mutter, was es mit dem Fernsehapparat auf sich hatte, aber sie hatte sich der Community und ihren Regeln vollkommen verschrieben und verbot mir, unanständige Recherchen anzustellen.

»Ein Fernseher kann sehr gefährlich sein, wenn man beeinflussbar ist, wie Kinder es eben sind. Man muss genau darauf achten, was man schaut, sonst stößt man schnell auf Unzucht und gotteslästerliches Gedankengut. «

Für mich klang das nach einer guten Ablenkung, aber ich wagte nicht, Jules zu widersprechen, allein schon deshalb nicht, weil ich unsere kostbare Zeit nicht mit Streitigkeiten vergeuden wollte.

Manchmal, wenn es draußen warm war, schlichen wir Kleinen uns auf den Hof und spielten im Sand, natürlich ohne uns dabei schmutzig zu machen. Wir hatten keine Spielsachen, keine Bücher und auch sonst nichts, um uns die Zeit zu vertreiben, aber Kinder brauchen nicht viel. Unsere Fantasie, unsere Hände und Münder genügten, im Sand ganze Kaiserreiche entstehen zu lassen. Fantasie lässt sich nicht bändigen, man kann die Vorstellungskraft eines Kindes nicht bezähmen, sie treibt die buntesten Blüten in den kleinen Köpfen. Erst später, als junge Erwachsene, hat man uns endlich so weit gebrochen und in Habtachtstellung gebracht, dass wir diesen Teil unseres Selbst auf ewig in eine Kiste sperrten, zusammen mit unseren uns unerreichbar erscheinenden Wünschen und Träumen. Ich glaube, ich habe überlebt, weil ich keine Kiste habe. Ich habe das Träumen nie gelassen.

Auch heute noch gibt es Frauen und Männer, die in der Sekte aufwuchsen und den ganzen Unsinn in sich aufsogen wie Schwämme. Sie postulieren auf YouTube, bei Facebook und in Blogposts, dass sie ihres Lebens beraubt wurden, als die Ansaaru Allah Community zerschlagen wurde. Das Wirken des selbst ernannten Imam Dwight York wird von ihnen wie selbstverständlich fortgeführt. Ich glaube nicht, dass ihre Persönlichkeit anfälliger war für die Strukturen und Verheißungen der Sekte; sie halten sich schlichtweg an dem fest, was sie in den prägenden Jahren begleitete, ein wenig wie Menschen, die die DDR noch heute ohne ersichtlichen Grund über den Klee loben. Die Community war ihr Anker, der Boden unter ihren Füßen, und sie werden im Schutt stehen, solange sie können.

Dr. York

Im Grunde lebten wir natürlich nicht für den Glauben. Wir waren ja auch keine richtigen Moslems, Christen oder Juden. Wir waren überhaupt keine Anhänger einer Religion, sondern Leibeigene einer komplett abgefahrenen Sekte in den Klauen eines Schwerverbrechers. Rückblickend klingt alles, was York uns über die Jahre einzubläuen versuchte, vollkommen hirnrissig, aber man muss bedenken, dass seine Aussagen auf kaum merkliche Weise mit der Zeit immer absurder wurden. Man wurde langsam an den Irrsinn gewöhnt, und erst, wenn man das Teelöffelchen Schwachsinn verdaut hatte, kam der Esslöffel Scheiße. Die Erwachsenen machte man so tagtäglich empfänglicher für abstruse Theorien, wir Kinder waren bereits vollkommen schutzlos auf die Welt gekommen. Vom Tag meiner Geburt an wurde mir eingetrichtert, was Dwight York predigte.

Am Anfang erzählte er uns noch, er sei das Kind normalsterblicher Afrikaner, wobei er den Lebenslauf und die Titel seines Vaters über die Jahre immer farbenfroher ausschmückte. Manchmal knickte er ein und gab zu, in den USA geboren worden zu sein, schwor aber Stein und Bein, dass er seine Kindheit und Jugend in Afrika bei seinem Vater verbracht

50

habe. Zuweilen spann er die Geschichte in eine andere Richtung und erzählte, er sei gebürtiger Afrikaner und gekommen, um seine versklavten Anverwandten zu erlösen.

Mit der Zeit wurden die Märchen über seine Herkunft immer aberwitziger. Schließlich offenbarte er uns die ganze Wahrheit: Er sei ein Außerirdischer vom Planeten Rizq. Auf dem Kometen Bennett, der tatsächlich existiert, ritt er einst gen Erde, um seine schwarzen Brüder und Schwestern zu erretten. Richtig nett, dass er dafür die Zeit gefunden hat – aber in einem mehrere Trillionen Jahre langen Leben kann man eben ordentlich was schaffen.

Vor 76 Trillionen Jahren, so lehrte man uns, entstand im uranfänglichen Chaos ein Atom. Aus diesem einzelnen Atom ist nicht nur die ganze Erde erwachsen, sondern auch der erste Mensch: ein schwarzer Mann. Dieser schwarze Mann war Allah, und da es alleine ziemlich öde war, schuf er andere schwarze Männer für dreizehn, allesamt in Asien beheimatete Stämme.

Jeder gläubige Moslem steigt an dieser Stelle des Lügenkonstrukts bereits aus, weil dies mit den Lehren des Islams kollidiert, aber einen Dwight York kümmert das nicht. Ihm ging es nicht darum, waschechte Muslime für seine Sekte zu gewinnen, ähnlich dem Islamischen Staat, dem die Religion ebenso gehörig am Arsch vorbeigeht. Er wollte Opfer finden, Jünger für seinen irren Clan, keine frommen Menschen.

Allah war also kein allmächtiges Gottwesen, das jede physische Gestalt und Endlichkeit transzendiert. Abgesehen davon, dass wir sowieso meilenweit von der Tradition der abrahamitischen Religionen entfernt waren, stellte das den wohl größten Bruch dar. Allah war also einfach ein Typ. Ein sehr cleverer Typ natürlich, aber im Prinzip waren damals alle Typen clever, weil ein paar schlaue Typen sie sich ausgedacht haben. Man muss sich unseren Allah eher wie den Dalai-Lama vorstellen, wenn auch in leicht abgewandelter Form. Allah war ein schwarzer Mann im Körper eines schwarzen Mannes, folglich sterblich. So ähnlich wie die Dúnedain in Tolkiens Universum wird ein Allah gerne mal 200 Jahre alt, in ganz seltenen Fällen soll ein Allah sogar mehrere tausend Jahre alt geworden sein. Irgendwann wird aber gestorben, wie es sich für Sterbliche gehört, und dann wird Allah im Körper eines anderen schwarzen Mannes wiedergeboren und so weiter und so fort. Buddhismus für Volltrottel.

Früher mal war dieser Allah das Oberhaupt eines Rats von 23 anderen schwarzen Männern – bis einer von ihnen böse wurde und einen Krieg anzettelte, in dessen Raserei nicht nur einer der dreizehn Stämme ausgemerzt wurde, sondern nebenbei auch der Mond entstand. Natürlich. Wie auch sonst. Zwischendurch hatten diese extrem cleveren Kerle auch noch Zeit, mithilfe ihrer überbordenden Schaffenskraft und Klugheit ein bisschen an der Gestalt der Erde und des Universums zu basteln, ein wenig wie die Mäuse in dem Science-Fiction-Klassiker *Per Anhalter durch die Galaxis*. Es gab auch noch weitere bewohnte Planeten, Mars zum Beispiel, und eben ganz weit entfernte Sphären, so wie Rizq, seinen Heimatplaneten.

Die Vermutung liegt nahe, dass York einfach ein großer Fan vieler verschiedener Autoren war und aus ihren Werken einen abstrusen Bastard schuf, der fortan seine Jünger knechten sollte: Im Zuge weiterer, nicht minder abwegiger Kriege bildeten sich dann die indigenen Bevölkerungen des amerikanischen Kontinents heraus als eine Art prozedurales Abfallprodukt. York gab uns zunächst als Nachfahren dieser diversen amerikanischen Bevölkerungsgruppen aus, bis er schließlich explizit eine eigene erfand.

Tatsächlich ist Dwight York natürlich kein Außerirdischer, sondern einfach ein Mensch, geboren in Boston, Massachusetts, am 26. Juni 1945. Ich weiß, mich hat es auch aus den Socken gehauen. Der *Boston Globe* füllte seine Titelseite an jenem Tag mit der Nachricht, dass die Charta der Vereinten Nationen unterzeichnet wurde, erwähnte, dass man Industriegebiete in Japan zerbombt habe, und warb für amerikanischen Rum. Deutschland hatte bereits kapituliert, Truman war Präsident der Vereinigten Staaten, und Japan würde bald kapitulieren, aber erst sollten Hiroshima und Nagasaki noch » Fat Man « zu spüren bekommen.

Was sich in der nächsten Zeit in Dwight Yorks Leben abspielte, ist wesentlich schlechter dokumentiert, und es ist der Recherche auch nicht dienlich, dass er sich selbst beim Rekapitulieren seiner Lebensgeschichte ständig widersprach. Seine Väter und Großväter wechselten regelmäßig zwischen wichtigen Persönlichkeiten der neueren afrikanischen und muslimischen Geschichte, als könnte man sich seine Herkunft aussuchen. Wirklich nachverfolgbar ist nur, was er ab Ende der Sechzigerjahre trieb, denn zu dieser Zeit begann er, seine Sekte in mühsamer Kleinarbeit aus dem Boden zu stampfen.

Erst nannte er sich Imam Isa, und seine Bewegung war ursprünglich als » Ansaar Pure Sufi « bekannt. Einige Jahre später gab er sich den Titel »Imam Isa Abdullah« und präsentierte seine Kreation als »Nawubian-Nation«. Wikipedia listet dreizehn bekannte Pseudonyme, unter denen Dwight York agierte. So wurde aus »Malakai Z. York« auf einmal der nun scheinbar promovierte »Dr. Malachi Z. York-El«. An welcher Universität er urplötzlich einen Doktortitel erwarb, ist nicht überliefert. Besonders gefallen mir die Variationen, die ein klitzekleines ™ tragen, also das Zeichen einer registrierten Warenmarke, zum Beispiel »Consul General: Dr. Malachi Z. York ©™«. Es gleitet einem förmlich über die Zunge. »Dr. York« ist einer seiner wichtigsten Namen, denn er nutzte ihn für eine Art Zweitkarriere.

Der Tag eines Sektenanführers ist sicher nicht nur spannend und von früh bis spät mit aufregenden Terminen garniert. In jedem Fall aber ist einer der Vorteile des Daseins mit Leibeigenen, dass man sich um überhaupt nichts zu kümmern braucht. Die Frauen in der Community durften außerhalb der Sekte nicht arbeiten und konnten so soziale Geldmittel beziehen, die an York abzugeben waren. Profitiert man vom Geld anderer Leute, schafft das viel Freiraum im Kalender, um Kindheitsträume zu verwirklichen. Auch ein brutaler Hochstapler, Vergewaltiger und Kinderschänder steht morgens unter der Dusche, greift zur Shampooflasche, schmettert beherzt einen Gassenhauer und wünscht sich auf die großen Bühnen dieser Welt.

Also begann Dwight York in den Achtzigerjahren eine Disco-Musikkarriere und gründete ein Plattenlabel: »Passion Productions«. Keine große Sache für ihn, mit erfolgreichen

Gründungen kannte er sich ja nun hinlänglich aus. Als Dr. York hauchte er fortan zumindest latent anzügliche Liebeslieder in unschuldige Mikrofone, die umso gruseliger anmuten, je mehr man über all den Missbrauch weiß, den er begangen hat.

Der Schmusesong » Only a Dream «, zu Deutsch » Nur ein Traum «, besingt beispielsweise die Aufforderung » Don't let go, just hold on «, also » Lass nicht los, halt einfach fest « – eine Textzeile, die in diesem Kontext gar nichts strafrechtlich Relevantes bedeuten muss, aber einen Beigeschmack hat, wenn man um die Geschichte weiß. Noch unangenehmer ist der Titel des funkigen Evergreens » You can't hide «: » Du kannst dich nicht verstecken «.

Innerhalb der Community erklärte York, er mache Musik, um seine gelobten Wahrheiten unters Volk zu bringen. Er wolle die Massen wissen lassen, was sonst nur uns auserwählten Ansaari vorbehalten blieb. Dass seine Musik mit keinem Wort erwähnt, welche vor Genialität strotzenden Lehren er den armen Menschen in der Community unterbreitete, ist in seinen Augen sicher ein ganz besonders cleverer Kniff zur Unterjochung der gesamten Welt.

Ob der Erfolg seiner Musik zuzuschreiben ist, bleibt fragwürdig, in jedem Fall wuchs die Gemeinde bald über die räumlichen Kapazitäten in Brooklyn hinaus, und ein neues Hauptquartier musste geschaffen werden. Als logische Konsequenz erwarb York Anfang der Neunzigerjahre ein beinahe 200 Hektar großes Grundstück in Georgia für fast eine Million Dollar. Monetär lohnt sich das Führen einer Sekte also auf alle Fälle.

Das neue Domizil nannte er »Tama-Re« und erklärte, dass seine Anhänger fortan die »Nuwaubian-Nation« seien. Er selbst nannte sich folgerichtig »Our Own Pharoah Neter A'aferti Atum-Re« und kleidete sich entsprechend seiner Funktion als Führer der »Ancient Egyptian Order« als ägyptischer Pharao. Klar. Ich habe mich ab und an gefragt, ob es nicht schwierig gewesen sein musste, die diversen Identitäten unter einen Hut zu bringen. Pharao am Tag, Lipgloss tragender Schmusesänger bei Nacht. Dwight York, der Mann der vielen Talente.

Von diesem Zeitpunkt an wird es noch schwerer zu verstehen, was der Imam seinen Anhängern eigentlich sagen wollte. In Hunderten Pamphleten verkündete er vehementer denn je, dass die weiße Rasse den anderen untergeordnet sei. Der englische Begriff »caucasian«, der weiße Menschen bezeichnet, war ihm zufolge aus den Wörtern »carcass« und »Asian« zusammengesetzt: »Kadaver-Asiate«. Die Weißen seien nicht dazu bestimmt, die Welt zu beherrschen, sie seien aber auch nicht geschaffen worden, um friedlich zu sein. Vielmehr wurden sie ihm zufolge auf Aggressivität gezüchtet, als Mordmaschinen mit geringer Vermehrungsrate und niedriger Lebenserwartung. Wen sie ermorden sollten, behielt er für sich.

Über dieses Insiderwissen verfügte York natürlich, weil er an der Produktion der Weißen beteiligt war, damals, nach seinem Kometenritt zur Erde. Die wahren Übermenschen waren aber mitnichten alle Schwarzen, sondern lediglich die Nachfahren der Außerirdischen, die vor langer Zeit unseren blauen Planeten besiedelt und die Pyramiden erbaut hatten. Statt wie bislang alle Schwarzen einen zu wollen, spaltete er uns nun in gewöhnliche Afrikaner und außergewöhnliche, extraplanetarische Schöpfungsnachkommen. In der ehrwürdigen Tradition unserer ägyptischen Alien-Vorfahren ließ York auch in Tama-Re Pyramiden errichten. Das gesamte Gelände glich einem geschmacklosen Vergnügungspark, der sehr lose von ägyptischer Geschichte und Mythologie inspiriert war. Jährlich lud York am 26. Juni zum »Savior Day«, dem Tag des Erlösers – seinem eigenen Geburtstag. Er hatte sich vom schwarzen Anführer zum Gott gemausert. Ein beispielloser Aufstieg.

York wagte es, sich mit den Behörden anzulegen, weil der Imam sich in den Kopf gesetzt hatte, einen Nachtklub zu eröffnen, obwohl er keine Ausschankgenehmigung für Alkohol besaß. Ein weiteres unfehlbares Indiz dafür, dass wir vom Islam meilenweit entfernt waren: Alkoholkonsum stellte überhaupt kein Problem dar.

Nun wurden alle Geschütze aufgefahren. Die Community sollte nicht mehr versteckt werden, es ging jetzt um andere Kaliber. Die Anhänger Yorks waren ihm mittlerweile derart ergeben, dass der Kontakt zur Außenwelt keine Bedrohung mehr darstellte. Jahrzehntelang hatte er Menschen herangezüchtet, die ihm über jeden Zweifel erhaben hörig waren. Keine Macht der Außenwelt würde zwischen ihn und seine Schutzbefohlenen kommen. Stattdessen sollten sie helfen, neue Mitglieder zu rekrutieren. Aus der völligen Isolation heraus beförderte der Imam seine Schafe zu Missionaren im eigenen Freizeitpark.

Besucher sollten in Tama-Re die Pracht und Herrlichkeit unseres Volkes und unserer Geschichte bestaunen, durch die

Pyramiden wandeln, den Vorträgen des Imam lauschen, während sie ein kühles Getränk zu sich nahmen und schließlich einen Abstecher in den Souvenirladen machten, um neben Yorks monumentalen Schriften auch Briefbeschwerer, Kugelschreiber und Bekleidung im esoterisch-psychedelisch-ägyptischen Stil zu erwerben. Dwight York hatte ernsthaft begonnen, mitten in Georgia ein Disneyland für seine krude Sekte zu errichten, und die Welt sah einfach zu. Das war für ihn nichts weiter als eine Selbstverständlichkeit – seit Jahrzehnten hatte ihm niemand das Handwerk gelegt. Was sollte jetzt noch schiefgehen?

Vom Propheten stieg er zu einer extraterrestrischen Gottheit auf, machte seine Lehre und seine Taten unantastbar. Es war vielleicht ein Versuch, sich unangreifbar zu machen, aber am Ende führte es doch bloß dazu, dass er ins Kreuzfeuer des FBI geriet. Kein anderer Einzeltäter wurde je in mehr Fällen des Kindesmissbrauchs schuldig gesprochen.

Aufgeflogen war York schlussendlich deshalb, weil Angestellte des Landkreises in Georgia anonyme Briefe bekamen, die ihn des Missbrauchs bezichtigten. Im Gegensatz zu den New Yorker Kollegen nahmen die Behörden in Putnam County die Anschuldigungen nicht nur ernst, sondern sie verfolgten sie auch furchtlos und riefen ein Einsatzkommando ins Leben, dessen einzige Aufgabe es war, York das Handwerk zu legen.

2002 hatte das FBI genug Beweise sichergestellt, um zuzuschlagen. Es warf dem ehrenvollen Imam Dwight York vor, ungefähr zweihundert Fälle von Kindesmissbrauch begangen zu haben. Laut Bill Oskinski, einem Journalisten, der die Geschichte verfolgt und später ein mittlerweile vielerorts vergriffenes Buch über seine Rechercheergebnisse geschrieben hatte,

hatte die Staatsanwaltschaft entschieden, weniger als zwanzig Prozent der Fälle zur Anklage zu bringen. Die tatsächliche Zahl sei so unfassbar hoch gewesen, dass es andernfalls niemand geglaubt hätte. Manche seiner Opfer sollen gerade einmal vier Jahre alt gewesen sein. Grässliche Taten, die mich leider nicht überraschen.

Zwei Jahre nach Yorks Verhaftung wurde Recht gesprochen. Für Kindesmissbrauch, Menschenhandel, Vergewaltigung und Betrug wurde er zu 135 Jahren Haft verurteilt. Momentan sitzt er seine Strafe in einem Hochsicherheitsgefängnis in Florence, Colorado ab. Auf seinem Rücken prangt die Nummer #17911–054. Das Datum seiner Entlassung wurde auf den 7. April 2122 festgesetzt.

Umso mehr überrascht es, dass die verbliebenen Anhänger trotzdem um die Freilassung des Imam kämpfen, der, ihrer Überzeugung nach, unschuldig ist, obwohl er selbst für schuldig plädierte. Ein Komplott der Regierung, um die schwarze Bevölkerung klein zu halten, sind sich seine Anhänger einig.

Fanartikel und die Schriften des Dwight York sind im Internet noch immer käuflich zu erwerben, seine Musik kann man auf YouTube anhören, die verbliebenen Anhänger nutzen soziale Netzwerke, um sich Mut zuzusprechen. Der mittlerweile über siebzigjährige York wird, aller Wahrscheinlichkeit nach, in seiner Haft sterben. Seine Lehre, seine kruden Ideen und wirren Theorien aber werden in Freiheit weiterhin auf nährhaften Boden stoßen. Gedanken werden von Mauern, Gittern und Nato-Draht nicht aufgehalten. Nur darum habe ich selbst die Freiheit erlangt. Zwei Seiten derselben Medaille.

Eine Welt jenseits der Gitter

Die meisten Kinder bekommen zur Einschulung von ihren mit Freude und Stolz erfüllten Eltern einen Ranzen, Malstifte und eine Schultüte. Ich erhielt einen Vortrag darüber, dass ich auf der Hut sein solle unter all den *kafirun*, es sei gefährlich und, wenn es ganz schlecht liefe, sogar lebensbedrohlich. Eigentlich freute ich mich, im Gegensatz zu meinen Brüdern und Schwestern in der Community, auf die Regelschule. Ich kann nicht genau sagen, warum ich der Überzeugung war, dass akademische Bildung und Wissen der Schlüssel zu Glück und Erfolg wären, ganz sicher hatte es mir nie jemand gesagt. Trotzdem war ich felsenfest davon überzeugt, dass mir gar nichts Besseres hätte passieren können.

Trotzdem bereitete mir allein die Vorstellung, andere Kinder zu treffen, Kinder, die nicht aufgewachsen waren wie ich, Unbehagen. Fast ein ganzes Jahrzehnt lang war ich indoktriniert worden zu glauben, dass Weiße unser Erzfeind seien. Ob es stimmte oder nicht, mir war klar, dass ich es nicht leicht mit meinen Klassenkameraden haben würde, einfach deshalb, weil ich anders war. Nicht in die Schablone zu passen, aus der mein Umfeld geformt zu sein schien, war mir schon aus der

Sekte schmerzlich bekannt. Nun würde ich plötzlich in ein neues Ökosystem geschubst werden – ein Biotop, in dem ich der Fremdkörper wäre, der Fisch im Wolfsrudel.

Daran dachte ich, als ich mich am Morgen in mein Gewand wickelte. Ich musste mein Gesicht nicht verhüllen, weil ich meine Periode noch nicht hatte, aber das knöchellange, unförmige Kleid und das Kopftuch sollten mich trotzdem von den anderen abgrenzen. Erschwerend kam hinzu, dass ich ja kein Englisch sprach. Ich wusste nicht, wie ich es schaffen sollte, dem Unterricht auf Englisch zu folgen.

Wir liefen im Entenmarsch zur Schule. Es war selbstverständlich undenkbar, uns den weiten Weg allein laufen zu lassen. Wie üblich nach Alter und Geschlecht getrennt, trotteten wir hinter zwei Männern her, die uns fortan jeden Tag zum Schulgebäude brachten und wieder nach Hause begleiteten. Der kleine Spaziergang durch die Nachbarschaft fühlte sich an wie eine Expedition in eine fremde Welt. Ich wusste nichts von Anthropologen oder Forschungsreisenden, aber Magellan, Marco Polo, Leif Eriksson und Konsorten sind wohl die einzigen Menschen, die nachempfinden könnten, wie sich unsere Exkursion in die Freiheit anfühlte.

Die Straßen waren voller Fußgänger und Autos; bis zu jenem Zeitpunkt war mir natürlich nie bewusst gewesen, wie irrsinnig viele Menschen in New York lebten. Sie waren überall, wie Ameisen, purzelten aus Haustüren und strömten aus U-Bahn-Schächten, drängten sich an Straßenlaternen und Mülleimern vorbei und verschwanden in Cafés, kleinen Läden und Bürogebäuden. Die Männer hatten Jeans und Sneakers an, die Frauen führten handtellergroße goldene Ohrringe spazieren und trugen kurze Röcke, die ihre Knie und sogar ihre Oberschenkel entblößten. Auf einer der für das Straßenbild charakteristischen Außentreppen saßen Jugendliche mit einem Radio, das größer war, als ich es je für möglich gehalten hätte. Musik wummerte uns entgegen, ich verstand kein Wort, aber der durchdringende Bass beschleunigte meinen Herzschlag dennoch. Sie trugen farbenfrohe, viel zu große Jacken und gestreifte T-Shirts, ein Mädchen mit offenen Haaren lachte lauthals, und unter ihrem kurzen Oberteil blitzte ihr Bauchnabel hervor. Beschämt wandte ich den Blick ab. In einem schmalen Gang zwischen zwei Backsteinhäusern saßen alte Leute auf gelben Plastikmöbeln unter Feuerleitern, spielten Karten und rauchten. Vor einem Geschäft hatte sich eine Menschentraube gebildet und starrte auf flimmernde Fernsehgeräte, die in der Auslage aufeinandergestapelt waren. Zwei Männer in braunen Lederjacken hielten Händchen, als sie an uns vorbeigingen.

Man hätte uns genauso gut einen weit entfernten Planeten bereisen lassen können – der Kulturschock wäre nicht wesentlich größer gewesen. Ich schaute zu dem Ansaari-Mädchen neben mir, ihre Augen waren so groß wie Gullideckel.

»Alles okay?«, wisperte ich.

»So viel«, war das Einzige, was sie herausbrachte. Ich nickte wissend.

Mein Blick haftete gerade neidvoll an einer von Kopf bis Fuß in Taubenblau gekleideten Frau, an ihrer Baskenmütze, ihrem Kleid, ihren Hackenschuhen, als wir abrupt zum Stehen kamen. Ich löste meine Augen mühsam von der eindrucksvollen Erscheinung, um herauszufinden, warum wir unseren straffen Marsch unterbrochen hatten. Rechter Hand hatte sich zwischen all den eng aneinandergepressten Häusern ein freies Gelände aufgetan, das man uns kurz darauf als Schulhof vorstellte. Hinter einem Zaun, der dem um die Community recht ähnlich war, tobten Kinder, und gute fünfzig Schritte weiter erblickte ich nun ein gigantisches Gebäude, noch viel größer als unser größtes Wohnhaus. Man erklärte uns, dass dies die Schule sei und dass man uns hier am Eingang in Empfang nehmen würde. Unsere Anstandsbegleitung würde uns wieder abholen, um Punkt 16 Uhr. Sollten wir es wagen, das Gelände zu verlassen, würde man es in jedem Fall herausbekommen, und niemandem könne daran gelegen sein zu erfahren, was dann mit uns geschehen würde. Außerdem sei es ratsam, sich soweit wie möglich von den *kafirun* fernzuhalten, da selbst der unschuldigste Kontakt den Gläubigen beschmutzen könne. Kontakt mit den Ungläubigen zu pflegen bedeutete, selbst unrein zu werden.

Weitere warnende Worte wurden von der Ankunft einer Frau in weiten Jeans verhindert. Unsere Anstandswauwaus machten sich in beachtlicher Geschwindigkeit aus dem Staub, die Hosenfrau und wir waren auf uns allein gestellt. Ihre Hände steckten locker in den Hosentaschen, sie sagte fröhlich etwas auf Englisch zu uns und blickte dann erwartungsvoll in klatschmohnrote Gesichter. Wir erwiderten nichts, weil wir sie natürlich nicht verstanden hatten. Die Hosenfrau versuchte es noch einmal, und ich fragte tapfer in die Runde, ob denn nicht irgendjemand von uns wenigstens ein bisschen Englisch könne. Zwar erntete ich bloß leere Mienen und das eine oder andere verhaltene Kopfschütteln, aber die Hosenfrau schien begriffen zu haben, wo das Problem lag. Sie seufzte und gab uns wild gestikulierend zu verstehen, ihr in Richtung des großen Hauses zu folgen.

Zu gehorchen war uns nun wirklich in die Wiege gelegt, also liefen wir mutlos hinterher. Man parkte uns vor einer blauen Tür und bedeutete uns, zu warten. Es reizte mich herauszufinden, ob ich wohl unmittelbar in Flammen aufginge, wenn ich Kontakt zu einem der Kinder um uns herum aufnahm, und winkte dem Jungen im braun geringelten T-Shirt zu, der uns interessiert aus sicherer Entfernung beäugte. Er winkte zurück, und ich stellte erleichtert fest, dass der Kontakt vollkommen folgenlos blieb.

Dann stand die Hosenfrau wieder vor uns, einen Mann in Sakko und Krawatte im Schlepptau. Sie zeigte unfein mit dem Finger auf unseren traurigen Haufen und erläuterte offenbar die Situation. Der Sakkomann lächelte uns aufmunternd zu und fragte in akzentfreiem Arabisch: »Ihr seid also die neuen Schüler?«

Nun waren wir gänzlich verunsichert. Eigentlich war uns aus Angst nicht daran gelegen, den Mund aufzumachen, aber *kafirun* sprachen kein Arabisch. Wir vermuteten also, dass es in Ordnung wäre, dieser Autoritätsperson Auskunft zu geben.

»Ja«, sagte ich schließlich wagemutig, noch immer von meinem überaus wackeren Winken beflügelt.

»Ich bin Herr Amari«, stellte sich der Sakkomann vor, »dann wollen wir mal sehen, was wir jetzt mit euch anfangen.«

»Wir kommen aus der Ansaaru Allah Community«, erklärte ich bereitwillig, um die verzwickte Situation aufzulösen. Das Mädchen neben mir stieß warnend ihren Ellenbogen in meine Rippen, als gäbe es eine Alternative zur Kooperation.

»Das habe ich mir gedacht.« Herr Amari lächelte freundlich. »Ihr wurdet in verschiedene Klassen aufgeteilt. Wir müssen eure Namen wissen, damit wir euch richtig zuteilen können. Magst du mir dabei helfen?«

Beklommen traten die meisten von uns von einem Fuß auf den anderen, aber ich willigte ein, und gemeinsam bewerkstelligten wir es, dass jeder in die richtige Gruppe fand.

»Wir bringen euch jetzt zu den Klassenräumen«, kündigte Herr Amari an, »dort müsst ihr euch dann sicher erst einmal umsehen. Wir haben leider keine Möglichkeit, euch einen Englischkurs anzubieten, aber ihr lernt das sicher alles ganz schnell.« Er zwinkerte, und ein Schauer durchfuhr mich.

Als ich das erste Mal ein normales Klassenzimmer betrat, hätte mich um ein Haar der Schlag getroffen. Statt des bei uns üblichen kahlen Linoleumbodens und der kalkweißen Tapete gab es Möbel, Bilder waren liebevoll an die Wand geklebt. Jeder Schüler saß auf einem eigenen Stuhl an einem eigenen Tisch, hatte Papier und Stifte vor sich, und sogar Bücher quollen aus Ranzen und Regalen. Meine neue Klassenlehrerin stand vor einer vollgeschriebenen Tafel, über der eine kunterbunte Girlande mit Zeichen hing, die sich später als das Alphabet entpuppten. Links von mir reihten sich große Fenster aneinander, gegenüber entdeckte ich eine Weltkarte, die mir ebenso neu war wie alles andere auch. Auf Fotografien blickten mir einige alte Männer mit lustigen Hüten und langen Bärten entgegen, die, so lehrte man mich in den darauffolgenden Monaten, unsere früheren Präsidenten waren. Dass sie allesamt weiß waren, überraschte mich wenig, aber es erstaunte mich zu hören, dass der mit den großen Ohren, der Fliege und dem Seitenscheitel die Sklaverei abgeschafft haben sollte, obwohl er von ihr profitierte.

Die ersten Wochen in der Schule hielten sich stetig die Waage zwischen massiver Reizüberflutung und gähnender Langeweile. Alles war neu und aufregend, aber es war absolut unmöglich, dem Unterricht zu folgen, zum einen, weil sich mein Englisch nur langsam entwickelte, und zum anderen vor allem deshalb, weil ich weder lesen noch schreiben konnte. Die meisten von uns hatten Angst vor Mitschülern und Lehrern und den Kindern der anderen Klassen, und so manchem Lehrer schien es umgekehrt genauso zu gehen. Sie konnten uns nicht einordnen, wir passten mit unseren religiösen Gewändern nicht in ihre moderne Großstadtwelt, und nur eine verschwindend geringe Minderheit sprach ebenfalls Arabisch. Nachdem ich meine anfängliche Scheu abgelegt hatte, wünschte ich mir nichts sehnlicher, als mit Gleichaltrigen in Kontakt zu kommen, doch es dauerte Monate, bis ich es wagte, wenigstens kurze Unterhaltungen auf Englisch zu führen. Nicht weil es so lange gedauert hätte, die Sprache zu beherrschen. Kinderköpfe lernen so etwas schneller als Erwachsene. Auch nicht aus Furcht, denn ich durchschaute sehr schnell, dass der Mythos von Hörnern und Hundeschwänzen nur dazu diente, uns Angst einzujagen.

»Die haben überhaupt keine Schwänze«, stellte ich bereits am ersten Tag fest, als ich eine Gruppe weißer Kinder beobachtete. Einer der Jungen hatte feuerrotes Haar und Sommersprossen, und nicht einmal er schien Ähnlichkeit mit einem Hund zu haben.

»Die verstecken sie in ihren Hosen«, erwiderte eine Ansaari-Klassenkameradin und rollte mit den Augen. »Natürlich laufen sie nicht einfach so mit ihren Schwänzen durch die Gegend.«

Das war mir dann doch zu weit hergeholt. Die Beweislast war erdrückend. Weiße waren einfach ganz stinknormale Leute.

Wirklich Angst hatte ich vielmehr davor, dass ein anderes Mitglied der Ansaaru Allah Community mich verpetzen könnte, denn die meisten anderen hatten ihre Bedenken nicht im Geringsten abgelegt und beäugten die Ungläubigen mit Skepsis oder offener Ablehnung. Ich hatte keine Lust, eine Tracht Prügel zu kassieren, nur weil ich meine Tischnachbarin gefragt hatte, ob ich einen ihrer wirklich extrem coolen Stifte ausleihen dürfte, also hielt ich den Mund, obgleich ich mich tagtäglich aufs Neue zusammenreißen musste.

Stattdessen begnügte ich mich damit, in den Pausen und Freistunden in die schuleigene Bücherei zu schleichen, heimlich, damit meine Glaubensbrüder und -schwestern keinen Wind davon bekämen. Am Anfang versteckte ich mich noch zwischen den Regalen und traute mich nicht, nach Büchern zu suchen, die mich besonders ansprachen. Lesen zu können war ein unermesslich großes Geschenk, und zu Beginn war mir fast egal, was ich in die Finger bekam, solange mich bloß niemand dabei erwischte. Die Bibliothekarin war zunächst irritiert von dem verhüllten kleinen Wesen, das mehrmals am Tag wie ein Gespenst durch die Tür huschte, aber irgendwann begriff sie offenbar, in welcher Bredouille ich mich befand. Es lag in ihrem Ermessen, mich weiter frei walten zu lassen, und genau das tat sie.

Ich weiß nicht, ob sie jemals merkte, dass ich später sogar begann, Tolkien, Lewis und Brooks unter meinen Kleidern hinauszuschmuggeln, um sie unbemerkt in kleinen Verstecken auf dem Sekten-Campus zu deponieren, die ich über die Jahre hinweg ausgekundschaftet hatte. Zu Hause nutzte ich jede kostbare freie Minute, um mich davonzustehlen und zu lesen. Je fantastischer die Geschichte war, desto ungestümer stürzte ich mich hinein. Vermutlich, weil sie am wenigsten mit meiner eigenen Realität zu tun hatten, und genau das war für mich Sinn und Zweck der Übung: Ich wollte mich gedanklich so weit wie möglich vom Hier und Jetzt meiner Lebenswirklichkeit entfernen.

Wenn ich mit Frodo und Sam gemeinsam auf dem Weg zum Schicksalsberg war, konnte ich nicht gleichzeitig zählen, seit wie vielen Tagen ich meine Mutter schon nicht mehr zu Gesicht bekommen hatte. Wenn ich mit Dorothy und ihren Gefährten durch die Smaragdstadt streifte, war mein Kopf frei von Angst vor meiner nächsten körperlichen Züchtigung. Wenn ich mit Alice beim verrückten Hutmacher Tee trank, konnte ich den Gedanken beiseiteschieben, dass ich in diesem schrecklichen Kerker, in den ich geboren worden war, vermutlich auch krepieren würde. Die Helden meiner liebsten Bücher lebten mir vor, dass es aufregende Abenteuer gab, die Tugend der Tapferkeit und das Gute. Mir war selbstverständlich bewusst, dass es sich nicht um historische Erzählungen handelte, aber wenn Menschen sich solche wunderbaren Romane ausdenken konnten, mussten sie ihre Inspiration aus der Welt da draußen haben. Und von dieser Welt war ich fortan magisch angezogen. Ich brachte sogar den Schneid auf, mit den *kafirun* zu sprechen, wenn die anderen Ansaari gerade nicht zugegen waren.

»Deine Haare glänzen wie Kupfer«, sagte ich eines Tages unvermittelt zu dem rothaarigen Jungen. Für einen kurzen Moment schien er über die plötzliche Ansprache etwas verwirrt zu sein, aber dann schenkte er mir ein zaghaftes Lächeln. Wir müssen wandelnde Mysterien für ihn gewesen sein, seine aller Wahrscheinlichkeit nach irisch-amerikanische Familie war so weit von meiner eigenen »Kultur« entfernt wie nur irgend möglich. Dass er dennoch weder Angst noch Abneigung zu verspüren schien, entfachte einen Funken in mir, der mein Innerstes aus einem tiefen Winterschlaf erweckte. Ich wusste nicht, woher dieses mir unbekannte kleine neue Ich kam, das abgenabelt von der Community existierte, aber es war da und leuchtete schwach wie ein müdes Glühwürmchen.

Zur Überraschung aller stellte sich heraus, dass ich eine überaus begabte Schülerin war. Damit hatte nun wirklich niemand gerechnet, selbst ich nicht, aber es machte mir meine Existenz weder in der Schule noch in der Community in irgendeiner Weise leichter. Man lernt fürs Leben, heißt es immer, aber ich lernte erst einmal, dass das Leben dich fürs Lernen gepfeffert in den Hintern tritt. Ich wusste nicht genau, wann dieses Leben beginnen sollte, für das ich so gewissenhaft lernte, aber ganz sicher war es nicht der gegenwärtige Abschnitt.

In der Schule war ich blitzschnell die Streberin, unter deren sonderbarer Kopfbedeckung mehr Grips steckte, als es sich für angesagte Kids ziemte. In der Community herrschte die einhellige Meinung, dass es für eine gottestreue Frau keinesfalls zuträglich sein könne, so viel Wissen anzuhäufen – zumal der Großteil unseres Stoffs im besten Fall Scharlatanerie und im schlimmsten Fall regelrechte Gotteslästerung war. Das bisschen Grips, das Frauen gegeben war, sollten sie nutzen, um den Koran zu studieren und Strickmuster und Rezepte auswendig zu lernen.

Mir war schleierhaft, wie man damit seine ganze Hirnkapazität erschöpfen sollte, allein schon deshalb, weil das Würzen als einer der komplexeren Bestandteile des Kochens in unserem Haushalt komplett unter den Tisch fiel. Es bedarf keiner Bildung, um Habtachtstellung einzunehmen, sobald ein Mann deine Dienste einfordert. Potzblitz, vielleicht lernst du andernfalls sogar noch versehentlich, was Frauenrechte oder Menschenwürde sind, und derlei Konzepte hindern dich bloß an der Ausübung deiner Pflichten als Weibsbild.

Im Königshaus

Meine Mutter war für York nicht nur irgendeine Geliebte, sie war, so versicherte er mir persönlich, sogar eine seiner Favoritinnen, weil sie eine richtige Granate im Bett sei. Ein Detail, auf das ich auch hätte verzichten können, aber tatsächlich wurde mir im Laufe der Jahre mehrfach ungefragt von Männern bestätigt, dass meine Mutter eine hingebungsvolle, begabte Liebhaberin sei. Und weil York ihr so gewogen war, wurde Jules des Öfteren in seine privaten Gemächer gebeten.

York lebte natürlich nicht mit dem gewöhnlichen Volk in mehrstöckigen, jugendherbergsähnlichen Backsteinklötzen. Das war nicht Sinn und Zweck der Übung. Er unterhielt die Sekte, um seinen ausschweifenden Lebensstil zu finanzieren und seinen Harem irgendwo unterzubringen. Ein Mann seines Standes residierte in einem eigenen Haus, dessen Interieur dem des legendären Trump-Towers nicht ganz unähnlich war. Von außen war es ein unscheinbares Häuschen, dessen weiß-gelb gestreifte Markise im Prinzip das auffälligste Merkmal war. Aber innen müllten goldene Brokattapeten, violette Veloursgardinen und schwere Marmormöbel jeden einzelnen Raum dermaßen zu, dass man vollkommen erschlagen war.

Palmen und andere tropische Pflanzen zierten Wände und Ecken, und Bedienstete in Uniformen schwirrten umher wie Bienen in einem Stock.

Meine Mutter hatte darauf bestanden, dass ich sie bei ihrem Besuch begleite, der Grund ist mir bis heute schleierhaft. Ich sah sie relativ selten, vielleicht war es ein fehlgeleiteter Versuch, Zeit mit ihrer Erstgeborenen zu verbringen. Nun stand ich also das erste Mal vor der gusseisernen Haustür unseres werten Anführers und legte den Kopf in den Nacken, um durch eines der Fenster zu spähen, aber sie waren verhangen. Zwei bewaffnete Wachen patrouillierten in Habachtstellung am Eingangsbereich, um die Sicherheit des Anführers zu gewährleisten, und eine Dienerin in Zimmermädchenkleidung öffnete uns. Sie war höchstens ein paar Jahre älter als ich, und ich war noch ein Kind. Eines, dem man die Kindheit geraubt hatte, ein Kind, das nicht wusste, wie man spielt, sehr wohl aber, was eine Geliebte ist und welche Aufgaben ihr zuteilwerden. Im Grunde gab es bei uns keine Kinder – nur kleine Erwachsene. Personal gab es für York immer genug, die Community war ein steter Quell neuer Bediensteter. Bis auf die muskelbepackten Bodyguards waren es ausschließlich Frauen, die einberufen wurden, um dem Imam in seinem Haus unter die Arme zu greifen.

»Willkommen«, hauchte sie nahezu tonlos, »ihr werdet erwartet.«

Mit vor Stolz geschwellter Brust trat meine Mutter über die Türschwelle und zog mich mit sich, wie fest ich auch versuchte, meine Fersen in den Boden zu stemmen. Die Anhänger der Ansaaru Allah Community schauten zu York als einem

Gottkönig auf. Er war der Auserwählte, und in seiner Nähe sein zu dürfen war ein unermessliches Privileg. Mir war so ziemlich jeder Aspekt des Sektenlebens suspekt, aber die Verehrung dieses kleinen, offensichtlich verrückten Mannes war mir mit Abstand am unerklärlichsten. Es hatte den Anschein, als hätte er diese Menschen mit einem Bann belegt, auf dass sie blind wie Tiefseefische vor ihm buckelten. Dass er ein böser Magier sein könnte, hielt ich aber für genauso abwegig wie den Quatsch, den er uns selbst auftischte. Dass er seine Anhänger erfolgreich einer Gehirnwäsche unterzog, war am plausibelsten, wobei mir nicht klar war, warum die erprobte Taktik ausgerechnet bei mir versagt hatte. Es wäre leichter gewesen, den ganzen Mumpitz ebenfalls zu schlucken.

Um den Mythos um seine eigene Person zu verfestigen, machte York sich rar. Die meiste Zeit war er auf Reisen, wir bekamen ihn nur selten zu Gesicht. Im Alltag glänzte er durch Abwesenheit, die einzige Gelegenheit, einen Blick auf ihn zu werfen, war bei Festen und Ansprachen oder eben im Zuge persönlicher Audienzen, die nichts anderes waren als Verabredungen zum Sex. Andere Termine nahm der große Führer in der Gemeinschaft nicht wahr. Warum auch?

Besonders wichtig war in jedem Jahr das Fest zum Ende des Ramadan, Eid al-Fitr. Unsere leibliche Versorgung war nie überragend, aber wenigstens gab es überhaupt zu essen. Im Fastenmonat Ramadan war selbst das übliche spärliche Angebot eingeschränkt, und entsprechend gelöst war die Stimmung, wenn der quälende, ständige Hunger nach vier langen Wochen endlich gestillt werden durfte. Zudem gab es zu diesem hochheiligen Anlass Fleisch. Obgleich wir sonst aus finanziellen Gründen streng vegetarisch lebten, war es von großer Wichtigkeit, Eid al-Fitr so opulent wie möglich zu begehen. Es war uns erlaubt, eine große Versammlung im Innenhof abzuhalten, es war sogar erwünscht, damit der Imam sich präsentieren konnte.

Zu meinem Glück fand der Ramadan in meiner Kindheit und frühen Jugend im Sommer statt. So konnten Männer, Frauen und Kinder das Fest zusammen im Freien begehen. Nie habe ich ausgelassenere Tage in der Bushwick Community erlebt. Im Mittelpunkt der Feierlichkeiten stand Jahr um Jahr das rituelle Schlachten, Zubereiten und Verspeisen von drei Lämmern. Die Schreie der kleinen Wesen gingen mir durch Mark und Bein, aber das Verlangen nach Nahrung war größer als meine Abneigung davor, etwas zu essen, was gerade eben noch treue Knopfaugen hatte und herzerweichend um sein Leben blökte. Lieber wäre es mir gewesen, wir hätten uns diesen Teil des Zeremoniells ersparen können. Aber einem geschenkten Gaul schaut man nicht ins Maul, und ich hatte früh gelernt, dankbar für das zu sein, was die Welt mir zusprach. In Yorks Kommune der Entbehrungen konnte man es sich nicht leisten, zimperlich zu sein.

Ich hasste York nicht, wie viele andere Aussteiger es später taten – ich verachtete ihn dafür, dass er so eine traurige, gescheiterte Kreatur war, nicht nur äußerlich, sondern auch innerlich so klein, dass er sich über andere erheben musste, um sich groß zu fühlen. Eigentlich bemitleidenswert, wäre er nicht ein so schreckliches Monster gewesen.

Auch die Einrichtung seines Hauses sollte offensichtlich

darüber hinwegtäuschen, dass er weder ein Filmstar noch ein Spitzensportler oder Grammy-Gewinner war, sondern einfach ein Typ, der die Gabe hatte, Menschen derart zu bequatschen, dass sie bereitwillig in ihr eigenes Verderben liefen. Gemälde an der Wand zeigten York in royalen Posen und Gewändern, seine eigenen Schallplatten waren für jeden Besucher sichtbar prominent platziert.

Während ich mit meiner Mutter also am Fuß der Treppe wartete, schwebte York höchstpersönlich die massive Holztreppe hinunter, als wäre er tatsächlich ein seraphisches Wesen. Meine Mutter begann zu strahlen, ihr Gesicht leuchtete, wie ich es in meinen sechs oder sieben Jahren auf der Erde noch nie erlebt hatte. Zur Begrüßung küsste York meine Mutter innig auf den Mund und schmiegte seinen Körper an ihren.

»Meine Liebe«, säuselte er, »es ist immer eine Freude, dich zu sehen.« Dabei ließ er seine Hand lüstern über ihren Po wandern, und ich entschied, es sei ratsam, nicht weiter hinzusehen. Dann wandte er sich mir zu.

»Jules und ich haben jetzt einen Termin«, sagte er feierlich und strich mit seinen langen dünnen Fingern über mein Kopftuch, »du musst warten, bis wir fertig sind.«

Ich möchte nicht ausschließen, dass ich an diesem Tag mitkommen musste, weil York aus der Ferne Gefallen an mir gefunden hatte. Viele seiner Konkubinen waren als junge Mädchen zu ihm gekommen und von ihm regelrecht dazu herangezogen worden, seinen sexuellen Wünschen zu entsprechen. Manche dieser Frauen heiratete er später vor dem Gesetz der Sekte und führte sie seinem Harem zu, manche sortierte er wieder aus, wenn sie ihm keine Freude mehr machten. Ich hatte keine andere Wahl, als zu warten. Man platzierte mich in einem pompösen Raum auf einem schwarz gepolsterten Sofa, und bevor sie durch eine Tür verschwand, ermahnte mich meine Mutter, ja keinen Mucks zu machen und mich tunlichst nicht zu bewegen.

Also saß und wartete ich aus Ermangelung an Alternativen brav und versuchte, mich mit der genauen Betrachtung meiner Umgebung zu unterhalten. Der Teppichboden war mit einem Rankenmuster verziert, genau wie die Tapete, an den Wänden hingen kitschige gläserne Lampenschirme. Um nicht daran zu denken, wie es wohl weiterginge, wenn York mit meiner Mutter fertig wäre, folgte ich den Mustergassen auf dem Teppich, als wäre es ein Labyrinth. Die gewölbte Decke war mit einem gigantischen Fresko verziert, das York als eine Art Heiligen abbildete. Ich glich die Umgebung mit unserer Behausung und der Moschee ab und hatte endlich einen handfesten Beweis dafür, dass dieser Scharlatan mit Religion überhaupt nichts am Hut hatte. Ein frommer Mensch hätte sicher eher ein Gotteshaus als seine eigene Bleibe derart prachtvoll ausgestattet und selbst bescheiden oder in moderatem Wohlstand gelebt, nicht aber in diesem obskuren Prunk.

Der Türsturz war mit Stuck verkleidet, ein fetter Engel schwebte frohlockend in der Mitte, und ich überlegte gerade, an welcher Koranstelle fliegende dicke Babys vorkommen, als sich die Tür schließlich wieder öffnete.

Wie ich befürchtet hatte, stand dort nicht meine Mutter, sondern York höchstpersönlich, einen Morgenmantel lose um den nackten, drahtigen Körper gewickelt. Sein Lächeln ließ mir das Blut in den Adern gefrieren, und als er auf mich zutrat, schnürte sich meine Kehle zu wie ein zu enges Korsett. Er hatte nicht einmal höfliche Worte für mich, sagte mir nicht, wo meine Mutter war oder was als Nächstes passieren würde. Er fragte mich nichts und sprach auch sonst kein Wort. Mit wenigen gemütlichen Schritten schloss er die Distanz zwischen uns. Er roch nach irgendeinem Parfum, als er neben mir Platz nahm. Noch immer schweigend legte er eine Hand auf mein kleines Knie und nickte mir aufmunternd zu. Es gab kein Entrinnen, diese Zusammenkunft würde für mich auf gar keinen Fall gut ausgehen. Ich war hier kein autonomer Mensch, der Grenzen setzen und Einfluss auf die Dinge nehmen konnte, die mir widerfuhren. Ich war eine Puppe in seinem Puppenhaus. Ich wusste, was auf mich zukam, die Situation war mir vertrauter als mein eigener Handrücken. Missbrauch war alltäglich, man hatte jederzeit damit zu rechnen und tat gut daran, es einfach über sich ergehen zu lassen, dann war es schneller vorüber.

Aber diese Situation fühlte sich für mich anders an. Wenn meine Lehrer mich nach dem Unterricht dabehielten und mir befahlen, mich zu entblößen, war das eine Erniedrigung, die ich gelernt hatte auszublenden, ich konnte meinen Kopf ausschalten, meine Seele wegschließen und mich wie eine leere Hülle von oben betrachten und mir dabei sagen, das wäre gar nicht ich. Doch die Vorstellung, von ausgerechnet diesem Mann angefasst zu werden, und das unmittelbar, nachdem er das Bett mit meiner Mutter geteilt hatte – das war zu viel. Das konnte ich nicht verdrängen und ignorieren. Es berührte mich nicht nur äußerlich, sondern ging an mein

Innerstes. Die anderen Männer waren einfach Opportunisten. York aber war der Grund, warum ich so dahinvegetieren musste, er war derjenige, der mir dieses Leben eingebrockt hatte. Ich glaube nicht, dass ich diese Gedankengänge schon damals so hätte benennen können – es war ein Instinkt. Aber heute meine ich zu wissen, dass meine Reaktion vermutlich so begründet war.

Ich verstand nicht, wie er meine Mutter und all die anderen armen Seelen in der Community um den kleinen Finger gewickelt hatte, obwohl er so offensichtlich der letzte Mensch auf der Welt war, dem man hätte Vertrauen schenken sollen. Und ich wäre verdammt gewesen, wenn ich zugelassen hätte, dass er mir das letzte Stück Würde nahm, das ich noch unter der Brust trug. Es gibt keinen Ausweg, dröhnte es in meinem Schädel, aber du bist nicht Tamika, du bist nur ein Sack Knochen und Fleisch und Eingeweide, Tamika ist nicht hier, versuchte ich mir selbst einzureden. Tamika bist du wieder, wenn du dich geduscht hast und wenn du geweint hast und wenn deine Hand in der deiner Mutter liegt, Tamika ist nicht da, sie ist ganz weit weg von hier. Und noch während meine Gedanken wie ein Perpetuum mobile um mein Ich kreisten, als wollten sie es beschützen, ehe ich einen Entschluss gefasst hatte, was zu tun war, hörte ich mich selbst schreien.

Ich schrie lauter als unsere Lehrer, wenn wir uns einen Fehler erlaubt hatten. Lauter als die Lämmer auf der Schlachtbank. Sogar lauter, als ich es selbst überhaupt für möglich gehalten hatte. Einen Moment war mir, als käme dieser Laut gar nicht aus meinem Hals, sondern tief aus meinem Bauch, aus meinem Herzen, und ich legte all meine Wut und Verzweiflung in den Schrei, obgleich ich fürchten musste, dass York mich dafür windelweich prügeln würde. Lieber würde ich jetzt und hier sterben, als mich von diesem Monster anfassen zu lassen. Meine Angst schoss mit Überdruck aus meinem Hals in meinen Mund und unwiederbringlich in den Raum, in dem ich mit York saß.

Natürlich kam niemand. Wer hätte auch gewagt, sich in die ureigensten Angelegenheiten unseres Sonnenkönigs einzumischen. Ich denke, selbst wenn er mich auf der Stelle totgeschlagen hätte, wäre den anderen Bewohnern der Community nicht im Traum eingefallen, etwas anderes zu tun, als ihm Hilfe beim Verscharren meiner Leiche anzubieten. Es passierte aber etwas gänzlich Unerwartetes: York ließ von mir ab. In seinen Augen spiegelten sich Abscheu und Ekel, er schien keinen Spaß an aufmüpfigen, impulsiven Mädchen zu haben. Unterwürfigkeit machte ihn an, mein lautstarker Widerstand erreichte offenbar das genaue Gegenteil. Als ich begriff, was passierte, war ich so erleichtert, dass ich um ein Haar das Schreien vergessen hätte; aber ich machte weiter, jetzt absichtlich, bis er sich würdevoll aufrichtete, den Morgenmantel glatt strich und, noch immer schweigend, durch dieselbe Tür verschwand, durch die er Minuten zuvor hereingekommen war.

Mir blieb nichts anderes übrig, als wieder darauf zu warten, dass jemand käme und mich aus meinem Verlies im Verlies entlassen würde. Meine Kehle war rau, stumme Tränen der Erleichterung rannen über meine Wangen. Ich war zu erschöpft, mich ihnen zu widersetzen. Meine Mutter sah ich an diesem Tag nicht mehr. Ich weiß nicht, ob sie ohne mich gegangen war, weil sie meine Schreie gehört und sich für ihre Tochter geschämt hatte, oder ob sie schon längt fort war, als York zu mir gekommen war.

Niemand sprach über die Angelegenheit, auch die Dienstmädchen im Haushalt wagten offenbar nicht, über mein Verhalten zu tratschen. Immerhin warf es auch auf York kein gutes Licht. Sich von einer Rotzgöre wie mir in die Flucht schlagen zu lassen, war kein Vorfall, der einem Mann mehr Ehrfurcht und Gefolgschaft versprach. Eine Dienerin entließ mich einfach wortlos und wies einen der Wachmänner an, mich zurück zum Hauptwohnhaus der Community quer durch Brooklyn zu geleiten. Wir fuhren über eine halbe Stunde mit dem Auto, ohne ein Wort miteinander zu wechseln. Unbeachtet kehrte ich in mein Quartier zurück, aber innerlich feierte ich meinen Sieg über den unbezwingbaren Dwight York, den Auserwählten Gottes, den Propheten und Gelehrten. Wenn es mir gelungen war, seinen schmierigen Klauen zu entkommen, vielleicht wäre es dann doch eines Tages möglich, ganz aus diesem Gefängnis zu entfliehen und ein neues Leben zu beginnen, eines, das zu Recht so genannt würde.

In jener Nacht träumte ich nicht von Wolkenkratzern, die mich zwischen sich zu zermalmen drohten, und ich hatte auch nicht das Gefühl, dass es womöglich besser wäre, gar nicht wieder aufzuwachen. Auf einmal schien alles möglich, wenigstens für ein paar Stunden, ein paar Tage, bis ich wieder verschluckt wurde von der Realität, die von Demütigung, Entmündigung und Scham bestimmt war.

Es sollte noch Jahre dauern, bis ich mich das nächste Mal derart frei und unbeschwert fühlen durfte. Aber als ich über den Hof schritt, summte ich, nur vom Knirschen der Kiesel unter meinen Sohlen begleitet, leise ein schönes Lied, wie einer der Vögel, die ich immerzu über unseren Zaun fliegen sah. Wartet bloß, dachte ich und lächelte, irgendwann fliege ich euch hinterher.

Familienbande

Meine Mutter mag keine gute Mutter gewesen sein, wenngleich sie es auch immer wieder versuchte. Ich war ihr erstes Kind, ein Ausrutscher mit einem Mann, von dem ich nur den Namen kenne. Ich habe ihn nie getroffen, nicht einmal ein Bild von ihm gesehen. Ich weiß nicht, ob es anders gelaufen wäre, hätte Jules mich nicht in die Sekte hineingeboren, aber ich schätze die Wahrscheinlichkeit eher gering ein. Sein Drängen auf eine Abtreibung lässt nicht unbedingt darauf schließen, dass er mich gern kennengelernt hätte.

Alle anderen Kinder meiner Mutter entstanden innerhalb der Sekte mit Männern, die ebenfalls Mitglieder waren. Meine Geschwister Harun, Eshaal und Hussein wurden von York persönlich gezeugt. Der Imam hatte selbstredend unzählige Kinder in der Sekte, immerhin vögelte er fröhlich sämtliche Frauen. Obwohl es so viele von ihnen gab, galt es als etwas Besonderes, ein Nachkomme des Imam zu sein. Schließlich trug er etwas Göttliches in sich, und ein Bruchteil seiner Heiligkeit und Weisheit wurde sicher an seine Kinder weitervererbt. Sie genossen keine Privilegien, aber wir anderen wagten es nicht, ihnen krummzukommen aus Angst, es könnte fatale Folgen haben.

Man kann über Jules sagen, was man will, aber sie war höchstmotiviert, wenn es darum ging, Babys zu zeugen. Sechs Monate nach ihrem Eintritt in die Community kam ich auf die Welt, mein Bruder Harun ist nur anderthalb Jahre jünger als ich. York erkannte ihn natürlich nicht an, aber er verleugnete ihn auch nicht. Er war kein Vater für ihn, aber er unterband nicht, dass meine Mutter rumerzählte, dass er ein Kind mit ihr hatte. Es war ihr Vorrecht als eine seiner auserlesenen und liebsten Frauen. Außerdem hat es noch keinem Sektenführer geschadet, als außerordentlich fruchtbar zu gelten.

Nach Harun kam Eshaal, dieses Mal ließ sich unsere Mutter drei Jahre Zeit zur Erholung. Außerdem entschied York, nach zwei gemeinsamen Kindern sei es an der Zeit, meine Mutter zu verheiraten. Ich vermute, dass er eine zu enge Beziehung vermeiden wollte, deshalb musste sie woanders angebunden werden – wie ein Hund, der vor dem Supermarkt an einen Pfahl gekettet wird und trotzdem lechzend auf Herrchen wartet, denn selbstverständlich sollte sie trotzdem weiterhin seine Geliebte sein. Als Imam stand ihm zu, mit den Frauen in der Sekte so umzugehen, wie es ihm in den Kram passte. Jules war das nur recht, immerhin verehrte sie ihn als Erlöser. Weiterhin in sein Bett gerufen zu werden war eine große Ehre und, nach ihrem Stolz und ihrer ungebrochenen Begeisterung zu urteilen, ein großes Vergnügen.

Yaqub und meine Mutter heirateten vor der Sekte, nicht vor dem Gesetz. Es muss in den frühen 1980er-Jahren gewesen sein, vielleicht sogar noch in den späten Siebzigern. Dafür bedurfte es keines Kleides oder Anzugs, keiner Feier und keines Kuchens. Ich kann mich nicht erinnern, je einen Kuchen innerhalb der Community-Mauern gesehen zu haben. Dafür hätte es nämlich Zucker und Salz gebraucht, und mit solchen Dingen hantierten wir nicht. Vielleicht, weil sie weiß sind. Weiß der Teufel. Auf unserem Mittagstisch stand zwar Salz, es war jedoch verpönt, es ins Essen zu geben. Es diente einzig dazu, böse Geister fernzuhalten, und das konnte es natürlich nicht mehr, wenn es sich in unseren Mägen befand. Ich beging einmal den Fehler, es in einem unbemerkten Moment auf meinen Brei zu streuen, und war fortan besessen davon, Salz für meine Mahlzeiten zu stibitzen, um sie genießbarer zu machen. Meist konnte ich es nur sehnsüchtig anstarren und mir vorstellen, es schmecken zu können.

Hochzeiten waren innerhalb der Community keine große Sache, vielleicht, weil wir sonst mit nichts anderem beschäftigt gewesen wären. Obwohl Polygamie nicht üblich war, mit Dwight York als glänzender Ausnahme, waren Eheschließungen und Scheidungen keine Seltenheit, wohl auch, weil die Zeremonie nur knappe drei Minuten dauerte. Der Bräutigam küsste seine Zukünftige dreimal auf die Wangen und einmal auf die Stirn, der Geistliche sprach ein paar salbungsvolle Worte, und fertig war die mustergültige Ansaaru-Ehe. Ehrlich gesagt habe ich nie ganz begriffen, warum man in der Sekte überhaupt heiraten sollte. Auch Ehepaare lebten keineswegs zusammen, dafür hätte es gar keinen Platz gegeben. Sex war allgegenwärtig, Kinder wurden produziert wie Fließbandware. Zu welchem Zweck es da Hochzeiten brauchte, ist mir absolut schleierhaft.

Allem Unnütz zum Trotz ehelichte Yaqub wie angewiesen also meine Mutter, und die beiden zeugten meinen Bruder

Abdul, mein drittes Geschwisterchen. Der Himmel weiß, was Jules' werter Gatte danach trieb, aber meine Mutter war weiterhin damit beschäftigt, mit York ins Bett zu steigen. Daraus resultierte 1984 schließlich das letzte gemeinsame Kind: der kleine Hussein. Für Yaqub war es eine Ehre, dass seine Frau das Kind von York zur Welt bringen durfte. Er verlieh sie an den großen Imam, wann immer sich die Gelegenheit bot – eine gute Chance, in den Rängen der Anhänger aufzusteigen, befand mein Stiefpapa. Das war letztlich das Hauptanliegen für die meisten Ansaari: innerhalb der Sekte so weit wie möglich aufzusteigen, um York mit Stolz zu erfüllen. Jedes Mal, wenn Jules zum Imam gerufen wurde, freute es Yaqub diebisch. Ihre Ehe hielt trotzdem nicht. Mir kam später zu Ohren, dass Yaqub von Crack abhängig wurde, zu seiner Mutter zog und dort früh verstarb. Ich vermag nicht mit Gewissheit zu sagen, ob es sich so zugetragen hat, aber ich kann mit Sicherheit behaupten, dass es mich nicht wundern würde.

Ich freute mich, Geschwister zu haben, obwohl ich sie kaum zu sehen bekam. Meine Brüder hätten genauso gut auf dem Mars leben können, es hätte keinen Unterschied gemacht. Aber sogar Eshaal, meine einzige Schwester, sah ich nur höchst selten, weil uns zu viele Jahre trennten, um gemeinsam gehalten zu werden. Wie in jedem guten Schlachtbetrieb mischte man die Jahrgänge nicht, um keine Verwirrung zu stiften. Die kleinen Kinder und Babys waren bei Ammen, ihre Mütter innerhalb der Sekte eingespannt und angehalten zu malochen oder andere Kindergruppen zu betreuen. Jedes Kind der leiblichen Mutter zu überlassen wäre zu unökonomisch gewesen, um ein Vermögen zu machen.

Jules bekam einen neuen Ehemann, Nasruallah. Er war noch nicht lange in der Community, bürgerlich hieß er Tommy. Es war nicht unüblich, sich mit dem Eintritt in dieses neue Leben auch einen neuen Namen zuzulegen. Dass Nasruallah womöglich noch ganz andere Gründe hatte, erfuhren wir erst Jahre später.

Er konnte maximal ein paar Monate zuvor zu uns gestoßen sein, denn er wäre mir sonst definitiv aufgefallen. Obwohl es nicht gerade wenige waren, kannte man die meisten Bewohner. Wir saßen gemeinsam in diesem Knast, und es war unmöglich, sich aus dem Weg zu gehen oder niemals zu begegnen. Oft sah man sich nur aus der Ferne, mit dem Großteil unterhielt man sich nie, aber es gab nur wenige Freizeitbeschäftigungen, und aus Fenstern zu starren ist unterhaltsamer, als die Wand anzugucken.

Er war ein ausnehmend schöner Mann, breit wie ein Schrank, muskelbepackt, aber mit feinen Gesichtszügen, sanften Augen und einem entwaffnenden Lächeln. Jules konnte ihr Glück kaum fassen und schenkte Nasruallah für seine Schönheit direkt zwei Kinder. Wenn sie ein Zimmer für einen ehelichen Besuch gebucht hatten, war meine Mutter beinahe genauso aufgeregt, wie sie es vor ihren Schäferstündchen mit York war.

Da Mann und Frau weiterhin getrennt im für sie vorgesehenen Trakt lebten und schliefen, war es nötig, sich in eine Liste einzutragen, wenn man gedachte, Sex zu haben. Auch dafür gab es, wie für jeden Bereich des Lebens, ein eigenes Haus, ein eigenes Stockwerk und eigene Regeln. Hochromantisch. Waren alle bürokratischen Hürden überwunden, konnten sich Mann und Frau – und natürlich nur Mann und Frau, Homosexualität war eine Todsünde – im zeitlich abgesteckten Rahmen miteinander vergnügen.

Nasruallah und Jules fanden ganz offensichtlich Gefallen aneinander, denn nach den beiden Kindern wurde meine Mutter noch zweimal schwanger. Einmal erlitt sie eine Fehlgeburt, ein anderes Mal verlor sie das Kind, kurz nachdem sie es auf die Welt gebracht hatte. Dann verschwand Nasruallah urplötzlich ohne ein Wort des Abschieds in einer Nacht-und-Nebel-Aktion. Es sah zunächst so aus, als ob er seiner Frau den Verlust der Kinder nicht verzeihen konnte. Als wäre es ihre Schuld gewesen, schämte Jules sich fürchterlich, fühlte sich nicht Frau genug und unzulänglich. Die Sekte hatte ihr vermittelt, dass die Rolle der Ehefrau und Gebärmaschine ihr Lebensinhalt und ihre einzige Aufgabe auf dieser Welt waren. Entsprechend hart traf sie jedes vermeintliche Versagen.

Noch viel schwerer wog, dass sie nach Nasruallahs plötzlichem Verschwinden zwei von Yorks Kindern noch vor der Geburt verlor. Das Gerücht, dass Jules keine Nachkommen mehr zeugen könne, vielleicht sogar von Gott bestraft wurde, machte die Runde. Dabei war der Grund aller Wahrscheinlichkeit nach, dass sie mittlerweile über vierzig Jahre alt war, sieben gesunde Kinder zur Welt gebracht hatte und ihr Körper offenbar entschieden hatte, dass es nun einmal genug war.

Erst als meine Mutter später, mit ungefähr fünfzig, Bilal heiratete, bekam sie einen letzten Sohn, den sie ebenfalls Bilal nannte. Bilal war der einzige ihrer Ehemänner, den sie ganz legal vor einem Friedensrichter zum Mann nahm.

Was wirklich mit Nasruallah geschehen war, fanden wir irgendwann durch einen Zufall heraus. Es handelt sich dabei um Gerüchte aus guter Quelle, denen ich gern Glauben schenke, auch wenn ich bis heute keine hieb- und stichfesten Belege habe. Sie besagen, dass er keineswegs abgehauen war, weil meine Mutter vermeintlich unfruchtbar geworden war. Womöglich war es gar nicht seine Entscheidung gewesen, seine Frau und Kinder ohne ein Wort des Abschieds zu verlassen. Der gute Tommy sei ein verdeckter FBI-Ermittler gewesen, ein V-Mann, den der Staat in die Community geschleust hatte, um sich über die Umstände innerhalb der Sekte zu informieren, erfuhren wir über Dritte. Vollkommen überflüssig, finde ich, denn das FBI zog keinerlei Konsequenzen aus seinen Recherchen, obgleich seine Berichte nicht gerade rosig ausgefallen sein dürften.

Sollte es die Wahrheit sein, ist schwer zu sagen, ob Tommy einfach ein extrem engagierter oder ein furchtbar schlechter Agent war. Seine Bereitschaft, sich mit vollem Körpereinsatz in die Sekte zu werfen, so vollumfänglich, dass er einer ahnungslosen Frau das, wenngleich folgenlose, Ja-Wort gab und eine Familie mit ihr gründete, ist bemerkenswert. Ebenso erstaunlich ist, dass der ehemalige Profiboxer, der er offenbar war, dermaßen in seiner Rolle aufging, dass er überlegte, mich an einen seiner Freunde zu verheiraten. Natürlich ist es auch möglich, dass er mich niemals wirklich mit einem erwachsenen Mann vermählt hätte, aber die Idee stand im Raum. Vielleicht wollte er sich auch nur bestmöglich tarnen. Oder wir sind einer Lüge aufgesessen, und er war gar nicht beim FBI. Aber wer auch immer Tommy gewesen sein mochte, keine seiner angedachten Ehen kam zustande, ich war für Höheres bestimmt.

Es ist keine große Überraschung, dass wir Mädchen der Ansaaru Allah Community nicht selbst entscheiden durften, wen wir heiraten wollten, ob wir überhaupt heiraten wollten und schon gar nicht, wann. Bereits kurz nach meiner Geburt wurde festgelegt, dass ich später einmal Jonathans Frau werden würde. Später meint mit dem Einsetzen der Periode. Natürlich ist es in den USA nicht legal, Zwölfjährige zu verheiraten, aber innerhalb der Sekte stellte es überhaupt kein Problem dar. Die meisten Ehen wurden nie offiziell vom Staat anerkannt, sondern waren rein » religiöse « Bündnisse, in der Regel zwischen einem Mann und einer Frau, in Ausnahmesituationen war es dem Mann erlaubt, mehr als eine Frau zu haben.

Jonathan konnte einer dieser Männer sein, das wusste ich. Er war kein Normalsterblicher, kein einfaches Kind irgendeiner armen Seele in der Community. Er war einer der Söhne Yorks. Und zwar nicht irgendein dahergelaufener Sprössling, so wie es meine Geschwister waren; nein, Jonathan war eines der wenigen Kinder, die er so vollumfänglich anerkannte, dass er ihm sogar ganz legal seinen Nachnamen schenkte und die Vaterschaft vor dem irdischen Gesetz gelobte.

Ich wusste, dass ich ihn eines Tages heiraten sollte, auch wenn ich ihn nicht persönlich kannte. Er war ein paar Jahre älter, und Jungen und Mädchen wurden ja getrennt, dementsprechend waren wir nie zusammen in einem Raum. Ich wusste lediglich seinen Namen und dass er ein Sohn des großen Imam Malachi York sei. Das nahm mich nicht gerade für ihn ein, immerhin war ich nicht Yorks größter Fan. Außerdem würde irgendjemand sein Lebenswerk fortführen müssen, wenn York das Zeitliche segnete, und die Vorstellung, mit dem neuen Imam der Ansaari zusammenleben zu müssen, bereitete mir Bauchschmerzen.

Jonathan lebt heute noch immer in New York, allerdings als erfolgreicher Hip-Hop-Produzent, der mit den ganz dicken Fischen der Branche in einem Becken schwimmt. Nicht irgendein kleines Licht am unendlichen Firmament der kleinen Sternchen, sondern einer, der in den vergangenen Jahrzehnten Musikgeschichte geschrieben hat. Reich wäre ich also geworden und immerhin keine Sekten-Matriarchin, aber glücklich garantiert nicht. Die bevorstehende Heirat war letztendlich auch ein Grund für mich zu fliehen, sobald sich die Möglichkeit bot. Sorry, Jonathan. Ich denke, wir wären beide ungern zwangsliiert worden.

Jonathan, dem erfolgreichen Geschäftsmann, wird mittlerweile von den verbliebenen Anhängern Yorks vorgeworfen, er habe den Imam verraten. Überhaupt gibt es diverse Theorien, wie der ehrwürdige Malachi York hatte im Gefängnis landen können. Sein Geständnis sei angeblich erzwungen worden, die Zeugenaussagen gekauft, und die gesamte »Verschwörung« diene einzig dazu, diesen großen schwarzen Anführer mundtot zu machen.

Ein Schlag ins Gesicht für alle Menschen, die sich wahrhaftig für die Befreiung schwarzer Amerikaner eingesetzt und einen hohen Preis dafür gezahlt haben. Es ist nicht legitim, Dwight York auf eine Stufe mit all jenen zu stellen, die ihr Leben tatsächlich dem Kampf um die Freiheit gewidmet haben, und ihre Namen in einem Atemzug zu nennen.

Es gibt immer noch Leute, die weiterhin an die Grundfeste der Ansaaru Allah Community glauben. Meine Mutter zum Beispiel fühlt sich bis heute überlegen, weil sie, im Gegensatz zu ihren Schwestern, Eltern und sämtlichen anderen Angehörigen, im »wahren Glauben« lebt. Sie sieht sich als Auserwählte und hält auch ihre Kinder für etwas Besonderes. Natürlich nicht mich, die Aussteigerin, aber meine Geschwister, insbesondere die, deren Vater der Imam ist. Sie sind für sie zu Höherem berufen, vielleicht wird eines Tages tatsächlich eines ihrer Kinder aus dem Schatten des heiligen Vaters treten, sein Zepter übernehmen und die Sekte in die Zukunft führen. Ich vermute, dass Jules tief in ihrem Herzen erkannt hat, dass sie einem Blender zum Opfer gefallen ist und dass sie sich für ihre Entscheidungen schämt. Aber das würde sie niemals zugeben, vielleicht nicht einmal vor sich selbst. Dafür ist sie zu stolz.

Ich pflege nur noch wenig Kontakt zu meinen Blutsverwandten, selbst mit denen, die mir nach Berlin gefolgt sind, spreche ich nur sporadisch. Sie werden immer mein Fleisch und Blut bleiben, ich kann weder sie noch meine Vergangenheit einfach abstreifen. Aber sie sind nicht meine Familie – und in ihren Sog ziehen lasse ich mich niemals mehr.

Lokis Bestrafung

Viele Jahre nach meinem Leben in der Sekte saß ich mit Freundinnen zusammen beim Brunch, wie man es in Berlin so macht. Wir waren alle frischgebackene Mütter. Frauen in dieser Situation tun sich gern zusammen, um gemeinsam in diesen Lebensabschnitt zu starten, Erfahrungen auszutauschen und sich nicht ganz so unzulänglich zu fühlen. Es ist einfacher, große, beängstigende Veränderungen zu meistern, wenn man Menschen um sich hat, die dasselbe durchmachen. Leider kommen Babys nicht mit einer Bedienungsanleitung auf die Welt. Einen Aus-Knopf haben sie auch nicht, daran merkt man, dass Gott keine Frau ist. Die hätte einen so elementaren Baustein nicht vergessen.

Von außen betrachtet wirkt es oft, als hätten andere Mütter ständig alles unter Kontrolle, insbesondere in unserer Instagram-Latte-Macchiato-Mutter-Welt. Dabei sind wir alle unsicher, und uns passieren Dinge, auf die wir nicht stolz sind. Da dir das aber keiner erzählt, fühlst du dich als Rabenmutter und fürchtest, du seist einfach nicht für das Kindergroßziehen geschaffen – bis du feststellst, dass wir alle recht orientierungslos im Dunkeln tappen.

Wir saßen in einem Café in Berlin-Steglitz und sprachen über unsere Kinder. Viel mehr hatten wir nicht gemein, wir waren alle grundverschiedene Menschen mit den unterschiedlichsten Hintergründen. Es war ein wunderschöner Sommervormittag, auf unserer korallenroten Tischdecke drängten sich diverse Kaffeegetränke, Häppchen und Mimosas. Letztere waren es wohl auch, die unsere etwas dröge Konversation beflügelten.

»Manchmal sehe ich Anna lachen und frage mich, ob sie sich später an genau diesen Moment erinnern wird«, sagte Susanne, über ihren Cappuccino gebeugt. Irene nickte zustimmend und strich sich eine honigblonde Haarsträhne hinters Ohr. »Man weiß ja von sich selbst, dass man sich an die Kindheit nur bruchstückhaft erinnert.«

»Aber jeder hat ja eine erste Erinnerung«, warf Hannah ein, »ich habe mal gelesen, dass die meisten Erwachsenen sich an etwas erinnern, das sie mit drei oder vier erlebt haben.«

Irene, studierte Pädagogin, quittierte das Halbwissen mit einem Zwinkern. »Das stimmt sogar. Manchmal steht im Internet doch was Vernünftiges.«

»Was ist eure früheste Erinnerung?«, fragte Susanne in die Runde, und schon erzählten sich die Frauen verträumt von Urlauben mit den Großeltern, von einem Weihnachtsfest und der Geburt des kleinen Bruders. Ich schwieg und knabberte an meinen Fingernägeln. Als schließlich alle von ihren wundervollen Erinnerungen berichtet hatten, war ich an der Reihe. Drei Augenpaare sahen mich auffordernd an.

»Meine Familie und ich machten einen Tagesausflug nach Coney Island«, log ich. »Die Achterbahn, Cyclone heißt sie, war riesengroß, aber am besten erinnere ich mich an einen Künstler, der auf einer kleinen Bühne einen Stepptanz aufführte. Er trug ein blechernes Kostüm, und die Zuschauer tanzten mit ihm und klatschten.«

»Das klingt magisch«, sagte Hannah schwärmerisch. Menschen lieben es, wenn ich ihnen Geschichten aus der angeblich tollsten Stadt der Welt erzähle. Ich war dankbar, dass der Film *The Wiz* in Deutschland so wenig bekannt ist, dass keine der drei merkte, dass es eine Szene aus Michael Jacksons Oz-Musical von 1978 war. Meine wirkliche erste Erinnerung konnte ich ihnen nicht erzählen.

Ich muss ungefähr fünf Jahre alt gewesen sein. Tatsächlich überrascht es mich, dass ich überhaupt eine Erinnerung an meine frühe Kindheit habe. Es war wohl nach dem Unterricht, denn der Muallim und ich waren noch im Schulzimmer. Er befahl mir, länger zu bleiben, also warteten wir, bis alle anderen Kinder den Raum verlassen hatten. Ich erinnere mich noch ganz genau, dass der Muallim die Tür schloss, den Schlüssel aber nicht umdrehte. Das war nicht notwendig, dafür war er in diesem System zu geschützt und sicher. Gewalt musste nicht weggesperrt werden. Es genügte vollkommen, eine Wand zwischen sich und die anderen zu bringen.

Dann setzte er sich wieder auf seinen Stuhl hinter dem Pult und winkte mich zu sich. Ich gehorchte, ohne zu zögern, und ging aufgrund meiner Routiniertheit davon aus, dass es nicht das erste Mal war. Obwohl ich selbst keine Erinnerung an frühere Vorkommnisse habe, hatte ich gelegentlich gesehen, dass noch sehr viel jüngere Kinder, sogar Säuglinge, dieselben Erfahrungen machen mussten. Auch diese Bilder muss ich mit mir herumtragen. Damals dachte ich allerdings überhaupt nicht darüber nach, so wie andere Kinder nicht darüber nachdenken, dass sie ihre Hausaufgaben machen müssen. Es war einfach normal. Es gehörte dazu. Sexuelle Misshandlungen waren ein gewöhnlicher nachschulischer Zeitvertreib.

Der Muallim war keineswegs ruppig oder brutal. Er berührte mich stets zärtlich, beinahe liebevoll, wenn auch gegen meinen Willen. Erst nach vielen Jahren Therapie habe ich begriffen, dass es sich um Missbrauch handelte, obwohl ich mich ja gar nicht gewehrt hatte, obwohl mein kleiner Körper die Zuwendung sogar zu genießen schien. Der Körper weiß nicht, ob die Seele einer sexuellen Handlung zugestimmt hat. Man kann körperlich erregt und seelisch abgestoßen sein, man kann gebrochen werden, obwohl man physiologisch gesehen einen Orgasmus hatte – weil der Körper reflexhaft reagiert, ob man es nun möchte oder nicht. Wenn man an der richtigen Stelle gegen ein Knie klopft, wird das Bein zucken, egal wie sehr man versucht, es still zu halten. Wer gekitzelt wird, muss lachen, obwohl ihm vielleicht gar nicht danach zumute ist, obwohl er deutlich sagt, dass er nicht weiter gekitzelt werden möchte – weil es eine nicht kontrollierbare Reaktion unseres Körpers ist.

Auf eine Weise gefiel mir die Aufmerksamkeit des Muallim sogar. Ich fühlte mich besonders, geliebt und wertvoll. Außerhalb des Missbrauchs erfuhr ich keinerlei körperliche Nähe. Kinder brauchen diesen Kontakt aber für ihre seelische Gesundheit, das ist wissenschaftlich erwiesen. Wer nie berührt wird, verkümmert. Selbstverständlich wäre es mir lieber gewesen, von meiner Mutter umarmt zu werden. Aber das war keine Option. Es war müßig, darüber nachzudenken, zumal ich es gar nicht anders kannte. Mir erschien mein Leben zumindest in dieser Hinsicht absolut normal.

All diese Dinge konnte ich meinen Freundinnen schwerlich beiläufig bei einer Tasse Kaffee erklären. Ich konnte nicht sagen: »Meine erste Erinnerung ist, dass mein Lehrer seine ekelhaften Finger unter mein Gewand gesteckt hat«; konnte nicht davon sprechen, dass mich die Vorstellung Jahrzehnte später noch immer abstieß, als wäre es gerade erst geschehen. Zeit heilt alle Wunden – so ein Bullshit. Zeit ist ein Pflaster auf meiner klaffenden Wunde. Sie wird nie heilen. Ich kann nur versuchen, sie nicht weiter einzureißen und Entzündungen zu verhindern. Bluten wird das Herz immer.

Aber der sexuelle Missbrauch war nicht die einzige Form von physischer Gewalt, die ich als Normalität erlebte. Strafe und Züchtigung standen ebenso auf der Tagesordnung wie diese angeblichen Zuneigungsbekundungen.

Wir wurden für alles geschlagen. Ob wir im Unterricht nicht gut genug aufpassten, auf dem Flur rannten, einem Erwachsenen nicht das gebührende Maß an Respekt und Unterwerfung zukommen ließen, eine Hausarbeit nicht zur vollen Zufriedenheit erledigten oder einfach so, weil die Autoritätsperson einen schlechten Tag hatte – Prügel gehörte zum Alltag. Meist handelten wir uns Backpfeifen ein oder wurden mit Stöcken verdroschen, aber von Zeit zu Zeit wurde jemand ganz besonders kreativ.

In diesem Fall kann ich gar nicht mehr sagen, welche Missetat ich begangen haben sollte. Es war ohnehin Willkür. Möglicherweise hatte ich einem Lehrer widersprochen, mich anderweitig despektierlich verhalten oder schlicht am falschen Ort zur falschen Zeit zu atmen gewagt. Eine unserer Aufseherinnen beschloss daraufhin, dass ich einen Denkzettel brauchte, um meinen zum Himmel schreienden Fehler in Zukunft nicht zu wiederholen. Das Vorhaben scheiterte aber offenbar, da ich mich nicht daran erinnern kann, wofür ich den Denkzettel kassierte. Ich war die Auserkorene, welchen Fehltritt ich auch begangen haben mochte. Ich würde ertragen müssen, was immer Sonya einfiel, um mich zu erniedrigen.

Die Männer vergewaltigten uns eher, dafür waren die Frauen die brutaleren Tyrannen. Ich erinnere mich, dass Sonya mich verprügelte und ich im Affekt zurückschlug. Der Instinkt zu überleben war übermächtig, und meine Faust traf Sonya in die Magengrube. Ein großer Fehler, wie mir sofort klar wurde, und einer, für den ich richtig würde zechen müssen.

»Du kommst jetzt mit«, bellte Sonya Unheil verkündend und packte mich am Ohr. Ich war nicht mehr ganz so klein, und sie musste sich nicht bücken, um mich bis in die Waschräume zu zerren. Wie schnell ich ihr auch zu folgen versuchte, um mein rechtes Ohr nicht zu verlieren, sie lief schneller. Als ihr das Gerenne zu anstrengend wurde, stellte sie mir ein Bein. Ich fiel über meine langen Röcke und hörte, wie der Stoff einriss. Dafür gäbe es später sicher direkt die zweite Tracht Prügel, dachte ich grimmig, während ich mich aufrappelte.

»Pass doch auf«, herrschte Sonya mich scheinheilig an und schubste mich durch die nächste Tür, in die Arme meiner Mutter. Eigentlich ganz schön, sie mal zu sehen, aber die Umstände waren weniger optimal, und mir schwante nichts Gutes.

Meine Mutter war, um es diplomatisch auszudrücken, unerfreut, und mein Fehlverhalten wurde dem Imam höchstpersönlich gemeldet. Der entschied, dass eine Züchtigung unumgänglich sei, und unterstellte sie meiner Mutter. Bei einer anderen Mutter hätte diese Entscheidung womöglich zu einer milden Strafe geführt – nicht so bei Jules.

Wir hatten Gemeinschaftsduschen in den Wohnhäusern, selbstverständlich nach Alter und Geschlecht getrennt. Die zugeteilte Putzkolonne war gerade dabei, die lilienweißen Fliesen zu schrubben, als Mom mich rüde in die Duschkammer stieß.

»Raus«, forderte sie barsch, und das halbe Dutzend Mädchen drängte hinaus. Sicher verspürten sie keine große Lust, mir Gesellschaft zu leisten.

»Du bleibst hier«, befahl Jules, »ich bin gleich wieder da.«

Kurz überlegte ich, ob ich das Weite suchen sollte, aber wozu? Eine Flucht hätte meine Lage höchstens verschlimmert, wobei ich rückblickend sagen muss, dass ich nicht weiß, wie man mein Leiden noch hätte steigern können. Schicksalergeben lehnte ich mich gegen die von Seifenschaum noch feuchte Wand und wartete. Ich malte mir aus, welche Strafe mir noch bevorstünde. Möglicherweise eine Art Wasserfolter.

Irgendwo tropfte leise ein Wasserhahn. Ich dachte an Loki, eine Geschichte, die ich heimlich in der Bibliothek der Regelschule gelesen hatte.

Der nordischen Mythologie zufolge war Tunichtgut Loki in eine Höhle gesperrt worden, mit den Armen an das Gestein gefesselt, sodass er sich nicht rühren konnte. Von den Steinzapfen an der Decke tropfte unablässig das Gift einer Schlange herab. Mit der Zeit begannen die Tropfen Loki zu quälen, der Schmerz wurde immer größer, es war nicht möglich zu schlafen. Seine Frau, Siguna, folgte ihrem Gemahl ins Exil und hielt tagein, tagaus eine Schüssel über seinen Kopf, die das Gift auffing, bevor es seinen Schädel weiter verätzen konnte. Für mich wird wohl niemand eine Schüssel halten, dachte ich, allein schon deshalb nicht, weil Mom und der Imam das niemals zugelassen hätten.

Als sie zurückkam, hatte Mom eine Sammlung scheinbar wahllos zusammengestellter Haushaltsgegenstände im Schlepptau: einen langen, gerippten Plastikschlauch, Gewürze, deren Vorhandensein mich in Anbetracht unseres faden Essens überaus erstaunte, und einen Putzhandschuh. Vielleicht will sie mich kochen, dachte ich, und hätte bei dieser absurden Vorstellung beinahe vergnügt gegluckst.

»Ausziehen«, wies meine Mutter mich an. Sie wartete geduldig, bis ich all meine Kleider ordentlich auf einem Holzschemel abgelegt hatte. Nervös zupfte ich mit den Zähnen an meiner Unterlippe und versuchte erfolglos, meinen nackten Körper mit Armen und Händen zu bedecken. Es war mir unangenehm, im Beisein eines anderen nackt zu sein, obwohl es meine eigene Mutter war. Selbst beim Duschen waren wir immer in einzelnen Kabinen und bekleideten uns notdürftig, bevor wir unter die Augen unserer Schwestern traten.

»Umdrehen«, befahl Jules, und ich wandte ihr erleichtert meinen Rücken zu. Der Seifenschaum auf den Fliesen war stellenweise angetrocknet und marmorierte die Wand wie ein vor Hitze rissiger Wüstenboden. Vereinzelt glänzten mir fröhlich Seifenblasen entgegen.

Der erste Peitschenhieb kam so unerwartet, dass mir die Luft wegblieb. Die Rillen des Schlauchs gruben sich in meine Haut wie Maulwürfe in die Erde. Eigentlich wollte ich ihr die Genugtuung verweigern, wollte nicht schreien und die Tortur stumm ertragen, erhobenen Hauptes, aber es war nicht möglich. Bei jedem neuen Schlag ächzte ich, besonders, wenn der Schlauch eine Stelle traf, die bereits offen war. Blut lief meinen Rücken hinunter, an meinen Beinen entlang und sammelte sich als kleine Pfütze um meine Fußsohlen, um mir scharlachrot entgegenzubrüllen, dass ich nicht träumte.

»Sie wird dich umbringen«, schien es zu spotten, »deine eigene Mutter wird dich töten.« In all den Jahren war ich auf viele Arten geschlagen worden, aber regelrecht ausgepeitscht hatte mich noch keiner.

Meine Knie begannen zu zittern. Ich schwitzte, und dennoch war mir wahnsinnig kalt. Blind vor Schmerz streckte ich die Hand aus, um mich an der Wand abzustützen. Dann ging das Wasser an.

Mom hatte den Duschkopf direkt auf meinen offenen Rücken gerichtet. Erst war es angenehm kühl, tat beinahe gut, dann wurde es kochend heiß und verbrühte mein nacktes Fleisch. Ich keuchte. Zum Schreien hatte ich keine Kraft mehr.

Als sie das Wasser endlich abstellte, sackte ich in mich zusammen wie eine Marionette, der jemand die Fäden durchtrennt hatte.

»Aufstehen«, forderte Mom gleichgültig. Mein Knie war hart auf den Boden geprallt, und obwohl ich keine Kraft mehr zu haben glaubte, schaffte ich es mühevoll, mich aufzurichten, wenn auch gebeugt.

Wieder musste ich ihr den Rücken zukehren, und bei der Vorstellung, eine zweite Runde ertragen zu müssen, rannen Tränen aus meinen zusammengekniffenen Augen. Dann hörte mein Herz ohne jede Vorwarnung auf zu schlagen. Für einen Moment war ich absolut sicher, dass ich sterben würde. Die Gewissheit war über jeden Zweifel erhaben. Du stirbst, schrie es in meinem Kopf, du stirbst wegen so einer Scheiße. Du stirbst und hast es nie aus diesem elendigen Loch rausgeschafft. Keine Sau wird sich später an dich erinnern. Du stirbst und wirst wie menschlicher Abfall einfach durch den Abfluss gespült, deinem eigenen verdammten Blut hinterher.

Irgendwann musste ich zu meiner Enttäuschung einsehen, dass ich noch immer lebte und offenbar nicht dabei war zu sterben, so unbegreiflich es mir angesichts der unbeschreibbaren Schmerzen auch schien. Verzweifelt versuchte ich mich lang genug zu konzentrieren, um mir darüber klar zu werden, was mit mir passierte. Ich erhielt keine erneuten Schläge, auch das Wasser blieb aus. Das konnte es nicht sein. Dies war eine neue Phase meiner Folter. Ich sah zur Blutpfütze hinab, um zu überprüfen, ob Jules vielleicht begonnen hatte, Hautfetzen von meinem Fleisch zu reißen. Stattdessen entdeckte ich rotes klumpendes Pulver und begriff, dass sie meine offenen, feuchten Wunden mit Chilipuder bestreute. Mein Rücken brannte lichterloh, ich war eine menschliche Fackel.

Meine Mutter schien auf einmal ganz weit weg, auch das Badezimmer, die ganze Bushwick Community war auf einem anderen Planeten. Auf diesem hier gab es nur noch mich und die Schmerzen, die sich immer weiter ausdehnten jenseits jeglicher Dimension.

Jules war schon fort, als ich zu mir kam. Das Licht war gelöscht, und aus den Fenstern drang nur noch mehr Dunkelheit in den Raum. Die Orientierung fiel mir schwer, und zuerst gelang es mir nicht, mich an das Geschehene zu erinnern. Der Versuch, mich zu bewegen, ließ eine stechende Gedächtnisstütze meine Wirbelsäule hinunterschießen. Als meine Augen sich an die Finsternis gewöhnt hatten, kam ich vollends zu Bewusstsein und musste mich übergeben, ohne den Kopf heben zu können. Erst als meine Atmung wieder gleichmäßig war und das Rasseln der Lungenflügel nachgelassen hatte, schaffte ich es nach mehreren Versuchen, endlich aufzustehen, und reinigte die Dusche und meinen Körper von Blut, Erbrochenem und Chili.

Es dauerte lange, bis ich es schaffte, mich anzuziehen; zum einen weil es unbeschreiblich wehtat, die Arme zu bewegen, und zum anderen weil es unerträglich war, wenn der Stoff meinen Rücken berührte. Ich schleppte mich in den Schlafsaal und fragte mich, ob jemand das Bad betreten hatte, während ich bewusstlos in der Dusche lag, ob mich jemand gesehen hatte. Ich beschloss für mich, dass ich unentdeckt geblieben war, denn die Scham hätte mir den Rest gegeben, und ich wäre auf der Stelle im Boden versunken und gestorben. Das Abendessen war natürlich längst vorüber, aber mir war auch nicht danach zumute. Umständlich legte ich mich auf meiner Matte auf den Bauch und verharrte regungslos, bis ich endlich vor Erschöpfung einschlief.

Die darauffolgenden Tage waren fast noch schlimmer als das Auspeitschen selbst, weil ich mich natürlich nicht erholen und die Haut in Ruhe heilen durfte. Mein regulärer Tagesablauf musste eingehalten werden. Der einzige Unterschied war, dass die Zeit noch langsamer zu vergehen schien als sonst.

Es war nicht das erste und auch nicht das letzte Mal, dass ich gefoltert wurde, aber der pervertierte Einfallsreichtum ist mir besonders in Erinnerung geblieben.

Überhaupt frage ich mich des Öfteren, wie viel ich verdrängt haben mag. Zum Beispiel kann ich mich nicht daran erinnern, dass einer der Männer in der Sekte je penetrativen Sex mit mir gehabt hätte. Sie verlangten von mir, sie oral zu befriedigen, und im Gegenzug berührten sie mich mit den Händen. Das ist wahrhaftig schlimm genug; dennoch wundere ich mich über diese inkonsequente Zurückhaltung und kann nur vermuten, dass tief unter all diesen Wunden noch ganz andere Geschichten lauern, die mein Gehirn zu vergraben wusste, um mir Schmerz und Scham zu ersparen. Vermutlich wäre es auch ganz und gar verkehrt, diesen Schutzmechanismus aushebeln zu wollen, um sich auf Biegen und Brechen an etwas zu erinnern, das man am liebsten sofort wieder vergessen möchte. Wozu? Wem soll das nützen?

Dieses Mädchen, das dort auf dem Boden in ihrem Blut

und Erbrochenen liegt, ist Teil von mir. Sie ist in meinem Geist und in meiner Seele zu Hause, genau wie alle anderen Teile von mir. Aber sie bestimmt nicht, wer ich heute bin und morgen sein kann. Ich muss sie nicht wachrütteln, um sie anderen jungen Müttern in Berlin-Steglitz vorzustellen. Das würde uns einander nicht näherbringen, es würde mich vielmehr von ihnen entfremden. Ich trauere um das Mädchen, das ich war. Das Kind, das ich hätte sein können. Aber beide wären sehr stolz auf die Frau, die ich heute bin.

Freiheit schmeckt wie Hühnchen

Es wäre ein stinknormaler Freitag gewesen, ein weiterer endlos
langer Tag voller Gebete, sinnlosem Unterricht und unge-
würztem Essen, wenn wir nicht gewusst hätten, dass heute
unser aller Leben auf den Kopf gestellt werden konnte. Seit
der Ankündigung sprachen wir über nichts anderes, sobald
uns die Erwachsenen den Rücken zugekehrt hatten.

» Ich glaub's erst, wenn ich's sehe «, sagte meine Freundin
Michelle und pulte nervös an ihrem Daumennagel. Wir saßen
mit verschwörerischen Mienen zusammen auf Bänken hinter
dem Basketballfeld des Schulhofs und diskutierten, was bei
der Versammlung am Nachmittag zu tun wäre.

» Die lassen uns niemals gehen «, pflichtete Jennifer ihr bei,
» das ist alles nur ein Test. Wenn eine von uns aufsteht, wird
sie bestimmt bestraft oder umgebracht. Denen ist doch mittlerweile alles egal. «

Unter meinen Freundinnen war die Community nicht besonders beliebt, obwohl es natürlich noch immer Schafe gab,
die jeden Bockmist fraßen, der ihnen von den Älteren und
ganz besonders von York aufgetischt wurde. Von ihnen und
Yorks Kindern hielten wir uns fern, so gut es irgendwie ging.

Möglicherweise vermuteten manche, dass wir nicht systemtreu waren, aber wirklich etwas nachweisen konnte man uns nicht.

Einfach abtun konnte ich die Bedenken meiner Leidensgenossinnen trotzdem nicht. Vielleicht hatte York doch Wind davon bekommen, dass es in den Reihen seiner Gefolgschaft kritische oder gar ablehnende Stimmen gab. Es hätte ihm weiß Gott ähnlich gesehen, seine Anhänger einer solchen Vertrauensprobe zu unterziehen, um die Spreu vom Weizen zu trennen, und vor allem, um ordentlich Angst und Schrecken zu verbreiten, auf dass künftig niemand auch nur auf den Gedanken käme, das Weite zu suchen. Nicht dass so etwas je vorgekommen wäre, aber derlei Präventivmaßnahmen waren seine Munition. Ein guter Sektenführer denkt an alles. Ein wahnsinnig anstrengender Job.

»Okay, vielleicht ist die ganze Sache eine Falle. Aber jetzt seid mal ehrlich: Kann's schlimmer für uns werden, als es jetzt ist, wenn wir's versuchen?«

Ich sah in schreckerstarrte Gesichter und vor Aufregung geweitete Augen. Da keine Anstalten machte, auf meine rhetorische Frage zu antworten, fuhr ich fort: »Wir haben nicht gerade das beste Leben, würde ich sagen. Entweder geht's beschissen weiter oder gar nicht, oder alles wird endlich gut.« Ich nahm mir die Zeit, jede einzelne Miene ausgiebig zu betrachten. Eine Mischung aus Furcht, Zweifel und Hoffnung blickte mir entgegen. Niemand sah entschlossen aus.

Statt weiter auf eine Antwort zu warten, warf ich einen Blick über die Schulter, zu den anderen Kindern, die in ihren Jeans und T-Shirts Fangen oder Ball spielten. Die meisten von ihnen beachteten uns nicht, einige wenige sahen misstrauisch, andere mitleidig zu uns herüber. Wir waren merkwürdige Gestalten mit unseren Gewändern, die uns wie Gespenster aussehen ließen. Ich war es leid, Außenseiterin zu sein, in der Sekte und außerhalb erst recht. »Ich bin dafür, dass wir uns melden«, sagte ich entschlossen.

»Du willst dich wirklich melden, falls er fragt, wer gehen will?«, fragte Tonya ehrfürchtig. Ich zuckte mit den Achseln.

Ein lautes Klingeln verkündete unwirsch, dass die nächste Stunde begann. Unser loser Putschistenverband stob auseinander und auf das Schulgebäude zu. Eine weitere Chance, uns auszutauschen, gab es nicht. Der Gänsemarsch zurück zur Community wäre für eine weitere Diskussion zu riskant gewesen, die Aufpasser, die uns nach Hause führten wie Herrchen ihre kleinen Hunde, duldeten kein Geschwätz. Und die Versammlung sollte schon kurz nach unserer Ankunft einberufen werden.

Dann bleibt es wohl spannend, dachte ich bei mir. Ich hatte selbst Zweifel, ob ich den Mut aufbringen würde, mich zu melden, meinen großen Reden zum Trotz. Versuchen musste ich es, soviel stand für mich fest. Viel fragwürdiger war, ob sich eine einzige Seele fände, die mir in die Ungewissheit folgen würde. Hätte ich irgendwelches Geld besessen, ich hätte nicht einen Penny darauf gewettet.

Große Zusammenkünfte aller Mitglieder waren nicht weiter ungewöhnlich. Wir versammelten uns andauernd, damit York und seine Lakaien uns glücklichen Auserwählten ihre überbordende Genialität demonstrieren konnten. Es gab eine feste Sitzordnung, die uns nach Alter und Geschlecht aufteilte, damit der » Anstand « gewahrt würde. Ich zwängte mich durch die Stuhlreihe auf meinen angestammten Platz – ein schwieriges Unterfangen, wenn man von Kopf bis Fuß in mehrere Bahnen weißen Stoff gehüllt ist. Dann wartete ich. Mein chronisch leerer Magen knurrte, weil ich vor Aufregung noch weniger gegessen hatte als sonst, und ich fragte mich, ob ich statt des üblichen ungenießbaren Abendessens heute einmal eine schmackhafte Mahlzeit zu mir nehmen würde. Es war relativ schwierig, sich Essen vorzustellen, das nach etwas schmeckte, aber ich probierte es trotzdem. Ein wenig wie ein Blinder, der versucht, sich Grün vorzustellen.

Die Hände in den Schoß gelegt, den Rücken schnurgerade und den Blick stur geradeaus bemühte ich mich nach Kräften, regungslos auf meinem Stuhl zu sitzen. Ich versuchte Michelle, Jennifer und die anderen Mädchen in der Gespensterparade auszumachen, aber es war unmöglich, sich auf mehr als zwei Meter Entfernung zu erkennen. Weiße Kleidersäcke sehen aus der Ferne einfach alle gleich aus. Mein Gemütszustand schwankte zwischen unbändiger Freude und nackter Panik. Um meine Nerven zu beruhigen, malte ich mir aus, was alles passieren könnte. Es mindert das Gefühl der Ohnmacht, sich mental auf alle Eventualitäten einzustellen.

Eigentlich war die Nachricht, dass man uns heute vor die Wahl stellen würde, die Ansaaru Allah Community zu verlassen, bisher nur ein Gerücht. Aufgrund der strengen Hierarchien war es als unteres Glied der Kette kaum möglich, Gerüchte auf ihren Wahrheitsgehalt zu überprüfen, weil man nie mit Personen in Kontakt kam, die tatsächlich eine Ahnung hatten. Und die, die etwas wissen konnten, zum Beispiel Lehrer, behelligte man besser nicht mit solchen Fragen. Schließlich wollte man auf keinen Fall den Anschein erwecken, als hätte man es eilig wegzukommen. »Herr Lehrer, ich hab gehört, wir dürfen bald abhauen, ohne dass uns jemand in den Rücken schießt, stimmt das?« Nein, das wirkte zu begierig. Genauso gut bestand also auch die Möglichkeit, man würde uns gar keine frohe Kunde, sondern irgendeine unheilvolle Botschaft überbringen. Die meisten Neuigkeiten hier waren Veränderungen, die unser Leben noch elendiger machten, als es sowieso schon war.

»Es gibt jetzt einen Waschsalon, ihr müsst nun gar nicht mehr vor die Tür.«

»Der Imam hat beschlossen, dass ihr zu viel esst, und darum gibt es nur noch alle zwei Tage Gemüse.«

Irgend so etwas. Möglich war auch, dass es nichts wirklich Neues gab und York stattdessen einen seiner niemals enden wollenden Vorträge über sein angeblich überirdisch langes Leben halten oder, noch schlimmer, wieder darüber referieren würde, wie unsere Vorfahren, die Aliens, die ägyptischen Pyramiden erbaut hatten.

Der Raum füllte sich mit gesichtslosen weißen Roben, und schließlich betrat York die Bühne. Er habe nun auch eine Karriere als Musiker angetreten, hieß es. Mit Funk und Soul wolle er die Massen erreichen, um seine wichtigen Lehren über unsere Gruppe hinaus bekannt zu machen. Ich war mir nicht sicher, was Funk und Soul sein sollten, aber ich wusste genau, dass ich diesen Mann nicht auch noch singen hören wollte. Als er den Mund aufmachte, kamen nur gesprochene Worte heraus, was mich überaus erleichterte.

Ich hing noch einen kurzen Moment meinen Gedanken nach, als ich von einem kollektiven, sehr leisen und dennoch scharfen Lufteinziehen in die Realität zurückkatapultiert wurde. Verunsichert ließ ich meine Augen durch den Raum wandern, ohne mich einen Millimeter zu bewegen. Es ging offenbar tatsächlich etwas Ungeheuerliches vor, und ich hatte es verpasst, weil mein Gehirn beim Vernehmen seiner bedeutungsschweren, aber eben auch nervtötenden Stimme üblicherweise direkt auf Autopilot schaltete. York stand hinter einem Rednerpult und wurde aufgrund seiner außerordentlich geringen Körpergröße nahezu vollkommen verdeckt. Dafür gestikulierte er so wild, dass ihm beinahe der Hut vom Kopf purzelte. Wie Rumpelstilzchen, dachte ich und unterdrückte ein hysterisches Kichern.

»Die Polizei hat uns keine Wahl gelassen. Sie wollen uns spalten, wie immer. Uns kleinhalten, damit es leichter ist, uns niederzuschießen und in den Knast zu sperren. Und die Brüder und Schwestern dort draußen verstehen es nicht. Aber wir sollten ihnen nicht böse sein, nein, sie sollten uns leidtun. Unsere eigenen Leute, die sich aus den geistigen Fängen der weißen Teufel nicht befreien können und sogar selbst Polizisten werden. Nehmt euch in Acht, meine Kinder. Trotzdem bleibt mir keine andere Wahl, als heute jedem von euch ganz explizit die Gelegenheit zu geben, zu gehen. Ihr könnt natürlich alle jederzeit gehen, wir sind ja kein Gefängnis.«

York lächelte und zeigte alle seine gefühlt fünftausend Zähne. »Die Polizei hat mich angehalten zu betonen, dass euch wirklich nichts widerfährt, wenn ihr euch jetzt meldet.«

Seine Lippen waren wie festgefroren, eine wahrhaft unfrohe Mondsichel, die eigentlich Wohlwollen ausdrücken sollte und nicht im Ansatz aufrichtig wirkte. Mein Mund öffnete sich ganz ohne mein Zutun, aber das konnte ja dank meiner Vollverschleierung niemand sehen. Ein beinahe unhörbares Raunen waberte durch die stickige Luft. Dann setzte York schnell nach, damit es auch ja keine Zeit gab, ernsthaft zu überlegen: »Wie erwartet will keiner meinen Schutz verlassen. Eure Treue ist weise, meine Freunde, ich ... «

Mir wurde langsam bewusst, dass niemand aufgestanden war. Niemand ging. Wir verharrten alle auf unseren Stühlen, als hätte man uns den Arsch an die Sitzfläche geklebt. Alle Mädchen, die doch genauso gern gehen wollten wie ich, schienen wie hypnotisiert. Und eh ich wusste, wie mir geschah, eh ich wusste, dass ich eine Entscheidung getroffen hatte, bemerkte ich zu meinem eigenen Erstaunen, dass ich dabei war, mich aufzurichten. Mehrere Hundert Augenpaare starrten mich an, und ich zupfte nervös am Stoff meiner Uniform, als ich mich sagen hörte: »Ich gehe.« Offenbar zu leise.

»Wie bitte, mein Kind?«, fragte York betont freundlich.

Ich räusperte mich, und das Geräusch durchdrang die Stille wie eine platzende Kaugummiblase in einer Kathedrale. »Ich würde dann gerne gehen«, wiederholte ich etwas lauter. Ich wagte es nicht, vom Boden aufzuschauen, aber ich konnte spüren, dass alle Blicke an mir hafteten wie Fliegen an einem Honigstreifen. Der erhoffte Effekt blieb aus. Niemand sonst stand auf oder sagte ein Wort. Die meisten Ansaari schienen sogar das Atmen kurzfristig eingestellt zu haben, damit es bloß nicht als Unterstützung meiner Unverschämtheit verstanden werden konnte.

Und dann ging ich. Einfach so. Packen musste ich nicht, denn mir gehörte nichts. Verabschieden musste ich mich nicht, denn niemand wollte mit mir gesehen werden. Ich war die Einzige, die an diesem Tag den Schoß der Ansaaru-Allah-Gemeinde verließ – im zarten Alter von 13 Jahren.

In einer Art Vorzimmer erklärte man mir, dass meine Tante sich bereit erklärt hatte, mich bei sich aufzunehmen. Ich erkundigte mich, welche Tante es sei, als machte es einen Unterschied, denn ich kannte keine von ihnen. Der unübersehbar bewaffnete Mann hinter dem Schreibtisch gab mir die Auskunft, meine Tante Helen habe sich meiner erbarmt. Meine Mutter und ihr Mann bekämen eine Sondergenehmigung, mich zu meinem neuen Zuhause zu begleiten. Es ginge in Kürze los, und ich solle mich zur Abfahrt bereithalten.

Nein, er wisse nichts Genaueres, und ja, es stünde mir frei, mich auf einen der Stühle neben der Tür zu setzen, die Fresse zu halten und zu warten, solange es eben dauern würde; wenn ich wollte, könnte ich das aber auch im Stehen tun. Ich wählte die Option sitzen und sah einer Amsel dabei zu, wie sie auf einer Fensterbank hinter dem Griesgram Platz nahm und mit schief gelegtem Kopf durch das Fenster direkt in meine Augen sah. »Du hast es geschafft, gleich bist du so frei wie ich«, schien sie zu sagen, und beinahe hätte ich mich laut für die aufmunternden Worte bedankt. Hinter dem bemerkenswert runden Glatzkopf des Wächters hing eine schmucklose Wanduhr. Der kleine Zeiger kämpfte sich gerade gegen die Schwerkraft der vollen Stunde entgegen, als die Tür aufflog und ein weiterer Mann mit Glatze eintrat.

»Alles ist vorbereitet«, nuschelte er durch halb geschlossene Lippen, die damit beschäftigt waren, einen Zahnstocher zu halten. Meine Mutter und ihr Gatte traten durch die Tür, durch die auch ich zuvor in den Empfangsraum gekommen war. Der erste Glatzenmann nickte mit seiner meterhohen Stirn in meine Richtung und blätterte dann weiter in irgendeinem Buch. Er bestach zwar nicht gerade durch Charme und Freundlichkeit, aber ich wünschte ihm trotzdem nicht, dass es eines von Yorks Büchern war. »Ist Jesus der Gott des Koran?«, las ich auf dem babyblauen Cover. Der arme Kerl, dachte ich, bevor ich ins Freie trat, der wird es hier niemals rausschaffen.

Hinter mir fiel die Tür laut ins Schloss, und ich blinzelte kurz in die Sonne, bevor ich meine Hand schützend über meine Augen hielt. Mein Geleitschutz schwieg bedeutsam. Sie billigten meine Entscheidung nicht, das war glasklar. Aber immerhin hatten sie sich bereit erklärt, mich zu Helen zu bringen – mehr hatte ich nicht erhoffen können.

Die Reise verlief überaus frostig, und ich war froh, als es vorüber war. Es schmerzte, meine Mutter ziehen zu lassen, obwohl wir der Umstände halber in all den Jahren kaum eine Beziehung hatten aufbauen können. Aber ich war auch voller nervöser Vorfreude. Eine Frau, mit der ich durchaus verwandt sein konnte, öffnete uns die Tür.

Helen begrüßte mich überschwänglich, vermutlich stellvertretend für die Schwester, die sie sehr vermisste. Jules stand abseits und war, gelinde gesagt, verhalten in ihrer Freude über das Wiedersehen. Sie pflegte keinen Kontakt mehr zu ihrer Familie, sie waren Ungläubige, *kafirun*, und mit ihnen zu verkehren wäre ein Verstoß gewesen gegen Yorks aberwitzige Regeln.

Ich stieg die kleine Treppe hinauf, nahm immer zwei Stufen auf einmal, und meine Tante drückte mich so fest an sich, als wollte sie meinen durch ihren Körper hindurchpressen. Meine Arme baumelten einen Moment nutzlos an mir herunter, weil ich herzliche Begrüßungen und angenehme körperliche Nähe nicht gewohnt war und nicht gelernt hatte, darauf zu reagieren.

Als Helen mich aus ihrer Umarmung entließ, wechselte sie ein paar höfliche Worte mit Jules, die sich schnellstmöglich aus dem Staub machte. Ich blickte ihr einen Moment nach, ließ den Schmerz für einen Atemzug lang zu und verschloss ihn dann tief in meinem Brustkorb. Endlich suchte Helen durch das Augengitter meiner Kopfbedeckung hindurch meinen Blick. »Es tut weh, dich so zu sehen«, war das Erste, was meine Tante zu mir sagte. »Ich will dein schönes Gesicht sehen. Nimm dieses Ding ab.«

Ich schluckte, denn auf diese Idee war ich noch gar nicht gekommen. Es wäre mir obszön vorgekommen, einfach so meinen Schal abzunehmen, jetzt, wo ich die Möglichkeit dazu bekam. Jahrelang hatte ich mir nichts sehnlicher gewünscht, hatte die Mädchen in der Schule beobachtet und mir vorgestellt, auch ich könnte so unbeschwert und frei sein. Nun war der Moment gekommen, da ich es ihnen endlich gleichtun konnte, und ich machte mir vor Angst fast ins Hemd.

Wir gingen nicht in die Wohnung, sondern machten uns zu meinem Entsetzen auf den Weg zu einem Bekleidungsgeschäft. Meine Tante gab mir zu verstehen, dass meine Robe in der normalen Welt vollkommen bescheuert aussah und es an der Zeit sei, mich wie eine junge Frau zu kleiden. Sie gab mir mehrfach zu verstehen, dass mich keine Schuld traf – meine Mutter habe vor all den Jahren eine dumme Entscheidung getroffen und ein unschuldiges Wesen mit in den Sumpf gezogen. Helen vergab ihrer Schwester ihr ganzes Leben nicht, bis zu ihrem Tod.

Auf der Fahrt zum Laden fand ich endlich meine Stimme wieder und schlug zaghaft vor, dass man vielleicht einen Übergang in mehreren Schritten vollziehen könnte. »Weißt du, vielleicht erst ein paar Tage ohne Kopftuch, dann ein richtiges Kleid, dann irgendwann mal eine Hose, so irgendwie.«

Also steckte sie mich in Leggings. Konsequent war Helen schon immer, das muss man ihr wirklich lassen. Sie hatte sich schon immer ein Mädchen gewünscht, das sie wie eine Barbiepuppe einkleiden konnte, hatte aber einen Jungen nach dem anderen auf die Welt gebracht. Ich, das Mädchen im Bettlaken, wurde folgerichtig in hautenges Polyester gezwängt, als wäre es das Natürlichste auf der Welt. Der Garderobenwechsel vom preiswerten Halloween-Geisterkostüm zum preiswerten Halloween-Sexy-Prostituierte-Kostüm vollzog sich in weniger als dreißig Minuten. Ich glaube nicht, dass ein Kindergehirn das verarbeiten kann.

Mich behutsam an reguläre Kleidung heranzuführen, hatte meine Tante aber offenbar nicht für eine Sekunde in Erwägung gezogen. Sicher wäre ich über kurz oder lang ganz von allein zu der Erkenntnis gelangt, dass Leggings das bequemste Kleidungsstück sind, das sich der menschliche Geist je ausgedacht hat. Aber vielleicht hätte man es zuerst mit etwas weniger Entblößendem versuchen können. Nun war es aber mein Schicksal, keine Stunde nach meinem Austritt in diesem exponierenden Kleidungsstück in einem Secondhandladen zu stehen und zwischen den Kleiderständern auf und ab zu gehen, als müsste ich einem Verkehrspolizisten beweisen, dass ich nüchtern bin.

»Man kann ja meine Waden sehen«, stellte ich vollends schockiert fest, als ich mein Spiegelbild sah. »Und meine Knie!«, fügte ich ein wenig lauter hinzu. Dann sagte ich nichts mehr, weil meine Stimme gefährlich zu beben begonnen hatte und mir die Worte fehlten.

»Ja«, stimmte Helen zu und rief zu meinem Leidwesen noch eine Verkäuferin hinzu. »Schick, oder?«

»Sehr angesagt«, urteilte die Verkäuferin, auf deren Namensschild in Glitzerbuchstaben »Becca« stand. »Und sie kann es ja auch tragen«, fügte sie nach einem geschulten Blick auf meine Figur hinzu. Meine Wangen brannten.

Meine Tante kaufte mir die Leggings und sagte, dass ich sie gleich anbehalten solle. Da ich es gewohnt war, Anweisungen Folge zu leisten, beugte ich mich meinem Schicksal, weigerte mich aber zu lächeln. Außerdem kaufte Helen mir mehrere Tops, Röcke und dekolletierte Pullover. Becca hüpfte wie mein persönlicher Cheerleader um uns herum, als ihr klar wurde, dass Helen vorhatte, mich komplett neu einzukleiden.

»Das steht ihr super.«

»Wir haben das auch noch in anderen Farben.«

»Mit diesen Schuhen wäre es perfekt.«

Irgendwann zwischendurch deutete Becca auf mein Bett-lakengewand und fragte: »Was machen wir denn jetzt damit?«

Ich fühlte einen kleinen Stich im Herzen, als Helen bereits Anweisung gab, es wegzuwerfen, oder, besser noch, zu verbrennen, damit es nicht auferstehen und kleine Kinder aus der Nachbarschaft das Fürchten lehren konnte. Helen und Becca fanden das wahnsinnig komisch. Mir wurde nicht nur schlagartig bewusst, dass mir in meinem neuen, freien Leben sehr viel öfter kalt sein würde als vorher, sondern dass es vielleicht auch gar nicht so frei wäre wie gedacht. Vorher hatten Menschen für mich entschieden, dass ich mich zu verschleiern hatte. Nun entschieden andere, dass ich am besten einfach direkt nackt wäre. Wann durfte endlich ich entscheiden, fragte ich mich, schwieg aber. Ich wollte nicht undankbar sein, und am allerwenigsten wollte ich, dass meine Tante mich direkt zurück in die Community schickte.

Wesentlich weniger problematisch gestaltete sich der nächste Programmpunkt meiner Turbo-Assimilierung: das Essen. Nach unserem strapaziösen Einkaufsbummel kochte mein neuer Vormund ein Abendessen für die Söhne und mich. Und zum ersten Mal in meinem Leben aß ich statt farb- und geschmackloser Tofu-Pampe frittiertes Hühnchen und Makkaroni mit Käse. Dieses Erlebnis war derart überwältigend, dass ich an Ort und Stelle beschloss, dass keine Klamotten der Welt so grässlich sein konnten, dass ich je auf diesen Genuss verzichten würde. Alles, wirklich alles wäre zu erdulden, solange ich nur jeden Tag frittiertes Hühnchen und Makkaroni mit Käse essen dürfte. Die einzige Hürde war, dass ich nicht wusste, wie man vernünftig mit Besteck aß.

»Was machst du da?«, fragte Helen und rümpfte die Nase. Ihr Blick war auf meine Hände gerichtet, die versuchten, meine Cousins zu kopieren und Messer und Gabel zu koordinieren, aber irgendwo schien sich ein Fehler eingeschlichen zu haben.

»Ähm, essen«, sagte ich wenig überzeugend.

»Sieht eher aus, als würdest du einen von uns abstechen wollen.«

»Zeig ihr einfach, wie man es macht, anstatt blöde Kommentare abzugeben«, rügte meine Tante ihren Jüngsten, »oder du kannst den Rest der Woche mit den Fingern essen.«

Sie zeigten mir gar nichts. Man ließ mich einfach gewähren, ohne mein sonderbares Verhalten zu kommentieren. Wie man vernünftig mit Besteck isst, Toilettenpapier benutzt und sich auch sonst zivilisiert verhält, lernte ich später, von Miss Mae.

Am aufregendsten war mit Abstand, dass ich zum ersten Mal in meinem Leben nicht nur ein richtiges Bett, sondern sogar ein Zimmer fast für mich allein hatte.

»Die Jungs können sich auch einen Raum teilen«, sagte Helen, als sie mich mit den Tüten aus dem Secondhandshop bepackt zu meiner neuen Schlafstätte brachte. »Es ist nicht viel. Ein Bett, eine Kommode, ein Schreibtisch. Und deine Großmutter schläft auch hier. Sie ist relativ ruhig, ihr werdet euch schon verstehen. Ihr macht es euch bestimmt schön. Wenn du was kaputt machst, klatscht es.«

Fast hätte ich gelacht, weil es für mich absolut unvorstellbar war, mir so etwas zuschulden kommen zu lassen, und fast noch unglaublicher erschien es mir, dass man mich dafür nicht aufhängen, sondern einfach nur ein bisschen schlagen würde.

Ich schlief besser als je zuvor, auf einer Matratze mit einem flauschigen Kissen und unter einer richtigen Decke, die nach Waschpulver duftete. Doch, das mit den Leggings war schon okay.

Mein Ausstieg aus der Sekte bedeutete für meine Mutter und meine Geschwister einen beispiellosen sozialen Abstieg innerhalb der Rang- und Hackordnung der Ansaaru Allah Community. Ihre Tochter und Schwester lebte mit den *kafirun*, den Ungläubigen, zog sich an – wenn auch nicht vollends aus freien Stücken –, als würde sie gleich bei den Video Music Awards auftreten, und aß Fleisch. Ich war eine Schande für meine Familie, und meine Familie war demzufolge eine Schande für die Gemeinde. Rausgeschmissen wurden sie aber nicht.

Kampfschule

Mir fiel gar nicht auf, dass mein Leben auch außerhalb der
Sekte weit davon entfernt war, im Lot zu sein. Es wunderte
mich kein bisschen, als mein Cousin eines Nachts in meinem
Zimmer stand. Ich hielt das für vollkommen normal.

Ich hatte es mir gemütlich gemacht in meinem eigenen
Reich. An der Tapete klebten Poster, auf dem Schreibtisch stapelten sich Bücher und Ordner voller Hausaufgaben, und auf
meiner Kommode stand fein säuberlich mein Make-up unter
einem großen, ovalen Spiegel. Sogar Vorhänge hatte ich, aber
ich ließ sie meist offen, weil ich es mochte, vor dem Einschlafen nach draußen zu sehen. Der Ausblick erinnerte mich daran, dass ich nicht mehr bei den Ansaari war. Auch mein
Rücken erinnerte mich, weil er auf einer Matratze lag und
nicht wehtat. Mein Zimmer war ein Kokon, in den ich mich
zurückzog wie eine kleine Seidenraupe. Privatsphäre war der
ultimative Ausdruck von Freiheit.

Es war stockfinster, aber ich wusste, noch bevor ich meine
Augen öffnete, dass ich nicht mehr allein war. Man entwickelt
einen sechsten Sinn, wenn man vierundzwanzig Stunden am
Tag auf der Hut ist. Als ich schließlich einen Blick riskierte,

offenbarte das silbrig fahle Mondlicht Mikes Silhouette mitten im Raum. Er verharrte regungslos, als fürchtete er, ich könnte schreien und seine Mutter so darauf aufmerksam machen, dass hier etwas nicht mit rechten Dingen zuging. Ich kann mir beim besten Willen nicht vorstellen, dass sie es mitbekommen hätte, denn heute weiß ich, dass Helen crackabhängig war. Man muss wirklich anerkennen, wie passabel sie diesen Umstand vor ihrem Umfeld zu verstecken wusste. Ein Kunststück, das nur wenige beherrschen. Sie schaffte es tatsächlich, mit dem Teufelszeug ein geregelteres Leben zu führen, als es ihrer Mutter mit etwas Herkömmlichem wie Alkohol gelungen war.

Dennoch bin ich überzeugt, dass ich sie nicht hätte wecken können, selbst wenn es mir in den Sinn gekommen wäre, mich zu wehren. Ich hatte gelernt, dass viele Aspekte meines abgelegten Lebens nicht dem entsprachen, was andere Kinder in meinem Alter erlebten – Missbrauch schien mir aber ebenso unumgänglich zu sein wie atmen. Er war Teil der Natur. Männer machten das nun einmal so. Meine Mutter hatte mir das schnörkellos bestätigt.

»Das gehört zum Leben einer Frau dazu«, hatte sie mir einst nüchtern erklärt, »ich habe herausgefunden, dass es hilft zu gärtnern.«

»Zu gärtnern?«, entgegnete ich verständnislos.

»Probier es aus. Gärtnern ist gut für die Psyche. Du kannst ganz bei dir sein und tust etwas mit deinen Händen.«

Die meisten Mütter reagieren vermutlich anders, wenn ihre Töchter regelmäßig vergewaltigt werden. Zu Recht. Ich muss trotzdem sagen, dass es schlechtere Ratschläge gibt. Ich gärtnere bis heute sehr gern.

»Hallo, Mike«, sagte ich höflich zu meinem Cousin, und ich glaube, keine andere Reaktion hätte ihn mehr verwirren können.

»Hey«, sagte er, nachdem er sich von seinem Schreck erholt hatte, und trat einen Schritt auf mich zu. Ich fragte nicht, was er zu nachtschlafender Zeit in meinem Zimmer zu suchen hatte, weil es absolut klar war. Wenn Männer plötzlich unerwartet irgendwo auftauchten, wollten sie Sex. Das war bislang immer so gewesen, und es würde sich ganz sicher nicht ändern.

Ich sollte recht behalten.

Mit vielen Jahren und mehreren Tausend Kilometern Abstand sehe ich klar, dass mein Verhältnis zu Sexualität und Liebe auf verheerende Weise geprägt war von einem Leben voll alltäglichem Missbrauch. Doch damals empfand ich ungewollte Avancen als Zeichen der Zuneigung. Gewissermaßen war es beinahe tröstlich, dass mein Cousin sich an mir verging, so wie es meine Lehrer schon mein ganzes Leben getan hatten, denn in meiner Welt war das Liebe, anders kannte ich es nicht. Dass Männer einen nun einmal anfassten, war für mich schlicht und ergreifend der Lauf der Welt.

Schwieriger war es, mit Unbekanntem umzugehen. Zur Schule zu gehen war für mich nichts Neues mehr, aber zum ersten Mal stand mir frei, mich mit meinen Mitschülern zu unterhalten, mich ihnen anzugleichen, so gut es eben ging, und einen Platz in der Rangordnung zu finden. Bislang hatten ich und die meinen fernab der Highschool-Hierarchie existiert, weil es für Sonderfälle wie uns keine passende Position oder

Gruppe gab. Wir waren unsere eigene Subkultur, sahen aus, als trügen wir billige Ninja-Kostüme, und auch die Sprachbarriere blieb bei vielen bestehen, weil sie schlichtweg keine Lust hatten, Englisch zu lernen.

Nun war ich ein ganz normales Mädchen in mehr oder minder normaler Kleidung, und die Zeit des Welpenschutzes war vorüber. Plötzlich musste ich mich behaupten, vornehmlich mit den Fäusten. Um Neuzugängen zu zeigen, wo es langgeht, wurde exemplarisch jemand ausgewählt, den man in Reih und Glied prügelte. Das beugte Auflehnungen innerhalb der Gruppe vor. Das Prinzip war dem in der Sekte nicht unähnlich, aber ich war nicht darauf vorbereitet, von Gleichaltrigen attackiert zu werden. In meiner früheren Lebenswelt waren es die Lehrer oder sogar Hausmeister gewesen, die uns verdroschen, und der Versuch, sich zu wehren, keine Option. Nun musste ich herausfinden, wie man sich in einer Schlägerei verhielt.

Nichts hätte den Prinzipien der Ansaaru Allah Community mehr widersprochen, als Frauen Selbstverteidigung beizubringen. Die Vorstellung ist nahezu lächerlich. Warum hätte man jemandem, den man mit aller Macht unterdrücken wollte, beibringen sollen, wie man sich effektiv körperlich zur Wehr setzte? Ich war folglich denkbar schlecht vorbereitet, auf die Gewalt, die an meiner Schule herrschte, zu reagieren. Es kam zwar nicht jeden Tag vor, dass ich in der Pause verprügelt wurde, aber doch häufig genug. Helen war alles andere als erfreut über meine Wehrlosigkeit. Sie wollte mich bestmöglich auf das Leben vorbereiten, und eine gute Nahkampfausbildung stand deshalb ganz weit oben auf ihrer Dringlichkeitsliste. Außerdem war sie es leid, dass ich regelmäßig mit ruinierter Garderobe nach Hause kam. Meine Kleidung war nicht teuer, aber das Geld war chronisch knapp, und meine Tante genoss es weiterhin maßlos, mich wie eine kleine Hure anzuziehen.

»Du darfst dich nicht unterbuttern lassen«, mahnte sie, als ich das erste Mal mit einer blutigen Nase nach Hause kam. Ich saß auf dem Badewannenrand und fing das unablässig tropfende Blut mit meinen Händen auf, um den rosafarbenen Vorleger nicht zu beflecken.

»Hier«, sagte sie und schnalzte mit der Zunge; dann stopfte sie mir ohne Vorwarnung einen Tampon ins Nasenloch.

»Du musst dich wehren, sonst spricht sich das rum. Willst du jeden Tag von irgendwelchen Clowns geboxt werden?« Es war eine rhetorische Frage, darum antwortete Helen selbst: »Nein. Also: Ich bring dir jetzt bei, wie man die Arme als Deckung benutzt und wie man sich richtig hinstellt.« Helen wies mich an aufzustehen.

»So, wie gehst du in Position?«, fragte sie und hob dabei die Fäuste, als wollte sie eine Schlägerei anzetteln. Ich stellte mich minimal breiter auf, um mehr Stabilität zu haben.

»Nein, nein, nein! So kann ich dich doch direkt weghauen. Ein Bein vor, eins weiter nach hinten.« Sie schlug mit der Hand gegen meinen Oberschenkel.

»Ja, so! So ist gut. Und jetzt nimmst du die Arme hoch. Um Himmels willen, Tamika, angewinkelt, natürlich angewinkelt! So kannst du mich doch nicht mehr sehen! Ich seh' schon, das wird eine Weile dauern.« Helen krempelte die Ärmel ihrer papageienbunten Bluse hoch und grinste.

Wir mussten den Tampon noch zweimal auswechseln, bevor sie mit meiner Performance einigermaßen zufrieden war. Aber ich musste eingestehen, dass ich mich nun tatsächlich besser gewappnet fühlte.

Kurz darauf beschloss Helen, dass es an der Zeit sei, meinem Auftreten ein Sahnehäubchen zu verpassen. Immerhin war ich nun zumindest in der Theorie bereit, meinen Mann zu stehen. Da konnte ich zum Ausgleich äußerlich ruhig noch etwas weiblicher werden.

»Für dich«, sagte sie freudestrahlend. An ihrem ausgestreckten Arm baumelte eine kleine rosafarbene Tüte, auf der in schwarzen Buchstaben der Name eines lokalen Kaufhauses prangte. Ich saß am Küchentisch, sah verdutzt von meinen Schulaufgaben auf und legte den Stift zur Seite.

»Was ist das?«, fragte ich zögerlich. An Geschenke hatte ich mich auch einige Monate nach meinem Einzug noch nicht gewöhnen können.

»Mach es halt auf«, drängelte sie und ließ die Tüte hin und her schwingen. Ich kniff die Lippen zusammen und versuchte, meine Mundwinkel hochzuziehen.

»Danke«, sagte ich höflich und nahm die Tüte entgegen. Als ich die Hand hineinsteckte, fühlte ich kühles Glas unter meinen Fingerspitzen. Kein Polyester, stellte ich erleichtert fest, und mein Lächeln wurde augenblicklich ehrlicher. Ich angelte mein Geschenk heraus und starrte auf den Flakon in meiner Hand.

»Shalimar!«, rief Helen begeistert und klatschte vor Euphorie in die Hände wie ein kleines Mädchen, »probier es aus!« Unsicher betätigte ich den Zerstäuber und unterdrückte ein Niesen. Es roch nach Vanille, Blüten und Puder, und ich fand es rundum scheußlich, aber ich war so stolz darauf, ein Parfum zu besitzen, dass der Duft zweitrangig war. Glücklich schloss ich Helen in die Arme, und sie schnupperte fröhlich an meinem Hals. Ich schätzte das Geschenk, weil es von Helen kam und weil ich wusste, dass sie dafür gespart hatte.

»Sehr gern, mein Schatz«, sagte sie und erwiderte meine Umarmung. Ich schloss die Augen, wie ich es immer tat, um den Moment auszukosten. Als wir uns voneinander lösten, war ihr Blick plötzlich ernst geworden.

»Nimm es auf gar keinen Fall mit in die Schule«, sagte sie, als hätte sie meine Gedanken gelesen. »Wenn dir irgendwelche Mädels dieses Parfum aus den Händen prügeln, wirst du dir wünschen, sie hätten dich totgeschlagen.«

Ich nickte pflichtschuldig und schwor, dass Shalimar das Haus unter keinen Umständen je verlassen würde, außer ich müsse es vor einem Brand bewahren. Mir war bewusst, dass Helen ein Vermögen für das kleine Fläschchen auf den Tisch gelegt haben musste. Stolz drehte ich den muschelförmigen Flakon in meinen Händen, bestaunte die satte Cognacfarbe des Parfums, den blauen Pfropfen und das goldene Siegel. Auf gar keinen Fall würde diese Kostbarkeit auf meinem Nachttisch Staub ansetzen. Nein. Das hier würde mein Dasein als Außenseiterin endgültig beenden. Mit Shalimar würde ich endlich cool.

Einen glorreichen Vormittag lang befand ich mich im direkten Dunstkreis der In-Crowd meiner Highschool. Mein Plan war simpel und doch genial. Ich schlüpfte während der ersten Pause auf die Mädchentoilette und wartete an den Waschbecken darauf, dass eines der angesagten Mädels auftauchte. Sie verbrachten wahnsinnig viel Zeit damit, sich im Spiegel zu betrachten, und nutzten die jungsfreie Zone, um sich aufgeregt über den neuesten Stand ihrer Schwärmereien auszutauschen und dabei wie Hühner zu gackern. Meinen Berechnungen zufolge müsste ich höchstens ein paar Minuten warten, bis adäquate Opfer in meiner Nähe wären.

In der zweiten Pause klappte es. Ich zückte Shalimar ganz beiläufig aus meiner Tasche, als wäre es für mich das Normalste der Welt, teure Parfums mit mir herumzutragen. Vanessa zuckte mit den Nasenflügeln und sah erschrocken zu mir herüber. Ich erwiderte den Blick natürlich nicht, ich musste versuchen überlegen zu wirken, konnte ihre Bewegungen aber aus dem Augenwinkel verfolgen.

»Hey! Ist das Shalimar?«, fragte sie zuckersüß. Da war er: mein Durchbruch. Ich verbrachte den ganzen Tag mit Vanessa und ihrer Clique, durfte an ihrem Tisch in der Cafeteria sitzen und wurde sogar den coolen Jungs vorgestellt, die sie ständig umschwärmten.

Natürlich ging mein Plan trotzdem nach hinten los. Ich war bereits auf dem Weg nach Hause und hing in Gedanken meinem wunderbaren Tag nach, als ich eine Stimme hinter mir vernahm.

»Hey, Prinzessin!«

Ich entschied, dass es am besten wäre, nicht zu reagieren,

und tat stattdessen so, als wäre die Auslage des Elektronik-
fachhandels neben mir außergewöhnlich spannend.

»Ist sich Eure Hoheit zu fein, um mit uns zu sprechen?«

Sie waren relativ nah hinter mir, vermutlich mindestens ein
halbes Dutzend Mädchen, wie immer. Es schien keine Situation zu geben, in der diese Grüppchen sich auflösten. Vermutlich standen sie neben dem Klo, wenn eine von ihnen pinkeln
musste, und feuerten sie tatkräftig an. »Yeeeah, Ashley, du
machst das prima!«

Ich hingegen war nicht Teil des Rudels, und auf gar keinen
Fall würden sie sich wie meine persönlichen Cheerleader auf-
führen. Ich hielt es also für das Beste, mich unverzüglich aus
dem Staub zu machen. Um uns herum war keine Menschenseele – es war vermutlich die einzige Straße in ganz Brooklyn,
die auf einmal wie leer gefegt war. Beschissenes Pech. Ich versuchte meine Schritte zu beschleunigen, aber das gestaltete
sich schwierig, weil ich ausgerechnet diesen Tag ausgesucht
hatte, um einen langen Rock anzuziehen. Wer Parfum trug,
war es seinem Auftreten schuldig, die Kleidung ebenfalls
dem Motto größtmöglicher Weiblichkeit zu unterwerfen. Um
meine Komfortzone nicht vollends zu verlassen, hatte ich
mich für einen sehr langen Rock mit Meerjungfrauenschnitt
entschieden.

Ich litt also unter maximal eingeschränkter Beinfreiheit.
Die violette Wolle rieb unangenehm an meinen Oberschen-
keln, als ich versuchte, wenigstens ein bisschen an Geschwindigkeit zuzulegen. Ich zog den Saum beherzt nach oben und
riss einen Schlitz in den Stoff. Dafür würde ich wohl weniger
Ärger bekommen als für das unerklärliche Verschwinden des

Parfums nach weniger als vierundzwanzig Stunden. Die Mädchengang kicherte.

»Hast du etwa Angst vor uns?«, fragte eine von ihnen scheinheilig. »Wir wollen nur sehen, was du in der schicken Tasche hast.«

So schick war meine Tasche gar nicht. Sie wussten einfach, was drin war. Ich bin selbst schuld, verfluchte ich mich. – Dann hatten sie mich. Ein Mädchen, das ich aus meinem Biologiekurs kannte, vergrub ihre Fingernägel in meinem Oberarm, eine andere packte mein Shirt und riss so kräftig daran, dass ich taumelte, während mir eine Dritte die Beine wegtrat. Meine Landung vollzog sich wenig damenhaft, und ich schlug mit dem Hinterkopf auf den Gehsteig, bevor ich überhaupt begriffen hatte, dass ich fiel. Sie waren zu viert, sah ich jetzt, und diejenige, die bislang keinen Finger gerührt hatte, war aller Wahrscheinlichkeit nach die Anführerin. So verhielt es sich eigentlich immer: Je höher der Status, desto weniger Arbeit musste man verrichten. Die Handlanger waren da, um sich die Hände schmutzig zu machen.

Ich sah meine Felle davonschwimmen und wusste, dass mir nicht viel Zeit blieb, diese recht ausweglos scheinende Situation zu meinen Gunsten zu wenden. Und ohne es zu wissen, spielte mir das Alphaweibchen in die Tasche, als sie sich über mich beugte, um mir ebendiese zu entreißen. Ihre treuen Gehilfinnen waren nach wie vor damit beschäftigt, meine Arme festzuhalten. Dass ich auch Beine hatte, war ihnen offenbar entgangen. Blitzschnell schlang ich meine Schenkel um den zierlichen Hals des Cliquenoberhauptes und presste, so fest ich konnte. Ich hatte schon immer kräftige Beine, es liegt einfach in meiner Natur, und es war mir auch ganz ohne Training ein Leichtes, einer halben Portion die Luft abzudrücken. Es dauerte ein paar Sekunden, bis alle begriffen hatten, was gerade im Bruchteil einer Sekunde geschehen war. Die Anführerin schlug panisch mit ihren Armen in der Luft herum, und ihr Gefolge verfolgte das Schauspiel mit großen Augen und offenen Mündern, unsicher, was nun zu tun wäre. Eine von ihnen zerrte verzweifelt an einem meiner Beine, die beiden anderen waren vollauf damit beschäftigt, meine Arme auf den Boden zu pressen. Die Arme der Anführerin flogen durch die Luft wie Rotorblätter, und langsam war ich in Sorge, ob ich sie vielleicht erdrosseln würde, aber dann begriffen ihre Helferinnen endlich, was zu tun war, ließen von mir ab und sprangen zur Seite. Ich verlieh meiner Drohung ein wenig Nachdruck, indem ich meine Schenkel ein letztes Mal zusammenpresste, dann ließ auch ich mein Opfer los. Ich hatte mich noch nicht aufrichten können, da waren meine vier Peiniger schon um die nächste Häuserecke verschwunden. Mit äußerster Gründlichkeit klopfte ich Straßendreck und Staub von meiner Kleidung, befühlte meinen blutenden Hinterkopf und rappelte mich auf.

»Scheiße«, sagte ich zu mir selbst und machte mich missmutig auf den Weg.

Es dauerte eine ganze Weile, bis ich zu Hause war, weil mir jeder Muskel in meinem Körper wehtat. Meinetwegen hätte der Spaziergang trotzdem noch länger dauern können. Helen saß auf der Couch und schaute eine Serie, als ich durch die Tür hereinhumpelte. Auf dem Weg hatte ich die Hoffnung gefasst, dass ich vermutlich am Leben bleiben durfte, weil ich immerhin das Parfum nicht verloren hatte, aber sicher war ich mir nicht. Also versuchte ich, geräuschlos in mein Zimmer zu verschwinden, um in Ruhe meine Wunden zu lecken.

»Tamika«, hörte ich Helen, noch während ich versuchte, die Tür ohne ein Klacken ins Schloss zu bekommen. Sie hatte sich nicht einmal umgedreht.

»Hi«, sagte ich heiser und räusperte mich unfreiwillig.

»Komm hierher«, befahl sie in ruhigem Ton.

Gesenkten Kopfes schritt ich zum Sofa hinüber.

»Haben sie dir das Shalimar abgenommen?«, fragte sie beiläufig.

Kurz überlegte ich zu lügen, dass es sicher in meinem Zimmer stünde, aber mir war klar, dass sie nachgesehen hatte und mich zwingen würde, den Inhalt meiner Tasche vor ihr auszuleeren. Ich hatte keine Wahl.

»Nein«, sagte ich wahrheitsgemäß.

»Aber dein Rock ist hinüber«, stellte sie fest, die Augen noch immer starr auf den Fernsehapparat gerichtet. Mütter haben gespenstische Fähigkeiten und sind offensichtlich in der Lage, aus ihrem Hinterkopf zu gucken.

»Ja«, gab ich kleinlaut zu, »aber ich hab mich verteidigt, so wie du es mir gezeigt hast.« Ich konnte nicht verbergen, dass ich ein wenig stolz war, den Kampf gewonnen zu haben, obwohl ich haushoch unterlegen gewesen war. Das musste irgendwie zählen, fand ich und reckte das Kinn ein wenig höher.

»Mhm«, machte Helen unbeeindruckt.

»Wirklich«, beteuerte ich, »es hat funktioniert. Ich hab' das Alphamädchen ausgeschaltet, und ohne Anführer waren sie total aufgeschmissen. So wie du gesagt hast.«

Helen nickte wissend. »Das war schon immer so. Früher haben sie im Krieg immer versucht, den König zu töten, weil der Feind dann flieht«, erklärte, sie und es leuchtete mir ein. »Merk dir das«, fügte meine Tante hinzu, während sie aufstand und den Fernseher ausschaltete. Mir schwante Böses, ich war fast sicher, dass Helen mich nicht in die Arme schließen würde, um meine Heldentaten zu belohnen, oder dass sie einen Blick auf meine Verletzungen werfen wollte. Ich stand, ich sprach, so schlimm konnten sie also nicht sein. Als mich ihre flache Hand mit voller Wucht an der Schläfe traf, war ich trotzdem einen Moment perplex. »Du sollst auf mich hören«, presste sie zwischen ihren Zähnen hervor, während sie weiter auf mich einschlug, »ich erzähle dir solche Sachen nicht zum Spaß.«

Ich wusste, dass ich mein Parfum aus purem Glück nicht an die Mädchen verloren hatte, und ertrug die Prügel mit Fassung. Es war im Grunde genau wie mit den Vergewaltigungen – ich kannte es nicht anders. Aber dies waren Schläge der Liebe, nicht der Unterdrückung. Helen schlug mich nicht, weil sie sich dadurch größer und mächtiger fühlte, sondern weil sie mich gern hatte und sich um mich sorgte – so konfus das auch klingen mag. Irgendwie war es okay.

Muttergefühle

Obwohl sie ihr Bestes gab, war Helen keine Ersatzmutter für mich. Sie kam dem Konzept näher, als meine leibliche Mutter es je war, allein schon deshalb, weil wir in der Sekte kaum Kontakt haben durften. Trotzdem fehlte auch Helen etwas, was Müttern für gewöhnlich naturgegeben ist: die Fähigkeit, bedingungslos und tief zu lieben. Ich glaube schon, dass Helen mich liebte wie ihre eigenen Kinder. Sie war, wie praktisch jedes Elternteil in meiner Familie, schlicht nicht zu uneingeschränkter Liebe fähig. Ihnen fehlt da irgendwie ein Enzym, fürchte ich. Eines meiner wichtigsten Lebensziele ist es, meiner eigenen Tochter eine bessere Mutter zu sein, als meine leiblichen Verwandten es zu sein vermochten. Ich will eine Mutter sein wie Gloria.

Wie viele Teenager wollte ich mein mickriges Taschengeld mit einem Nebenjob nach der Schule aufbessern. Helen begrüßte diesen Schritt, weil er mich Verantwortungsbewusstsein und den Wert von Geld lehren würde.

»Du suchst dir selbst was, und deine Noten werden nicht schlechter.« Das waren ihre einzigen Bedingungen. Wir waren uns also einig, und ich begann mich umzuhören. Die meisten Jobs waren für eine Minderjährige nicht geeignet, und in einem Diner oder einem Fast-Food-Restaurant an der Kasse oder der Fritteuse zu stehen, sagte mir nicht zu. Ich wollte nicht, dass mein Afro nach Fett roch. Nein, danke. Ich wollte schon aufgeben, als ich eines Tages auf dem Weg nach Hause an einem kleinen Ladengeschäft vorbeiging. Durch das Schaufenster sah ich chaotische Wühltische und vollgestopfte Regale, in der Auslage stapelten sich unübersichtlich ausgepreiste Jeans, Blusen und Sandalen. Das Konzept schien: Verkauft wird, was man anziehen kann.

Am Türrahmen war eine kleine Glocke befestigt, die klingelte, als ich zaghaft eintrat.

»Hallo?«, fragte ich in die Stille. Nichts rührte sich. Neugierig schaute ich mich um, zog einen türkisfarbenen Rock aus einem Haufen hervor und suchte nach einem Preisschild.

»Hallo?«, rief ich wieder, dieses Mal etwas lauter. Hinter einem behelfsmäßig vor einer Wandöffnung befestigten Tuch rumpelte es, und eine füllige Frau Anfang fünfzig kam zum Vorschein.

»Was kann ich für dich tun, Sonnenschein?«, fragte sie und grinste. Zwischen ihren Schneidezähnen klaffte eine Lücke, durch die man locker eine Münze hätte schieben können.

»Ich wollte wissen, was das hier kostet.« Ich hielt den Rock hoch. »Außerdem würde ich gern ab Dienstag anfangen hier zu arbeiten.«

Die Frau verschränkte die Arme. »Soso«, erwiderte sie amüsiert, »und warum sollte ich dem zustimmen?«

»Weil der Laden eine Katastrophe ist.« Ich zuckte mit den Schultern. »An dem Rock hier ist kein Preis. An ganz vielen Sachen steht keiner. Alles fliegt durcheinander. Ich komme Dienstag nach der Schule. Dann fangen wir an.«

Ich weiß nicht, ob die Frau mir nicht widersprach, weil sie zu perplex war, weil ihr mein Schneid gefiel oder weil sie wusste, dass sie tatsächlich Hilfe brauchte. Vermutlich war es eine gute Mischung aus allem.

»Ich heiße Gloria«, rief sie mir nach, als ich mich schon umgedreht hatte. »Und du?«

»Tamika«, antwortete ich ins Glockenklingeln hinein.

Am darauffolgenden Dienstag stand ich um Punkt vier Uhr nachmittags vor dem kleinen Laden. Wieder kündigte das Läuten meine Ankunft an, aber dieses Mal wurde ich von Gloria in Empfang genommen.

»Hallo, Tamika«, sagte sie mit unter der Brust verschränkten Armen, aber ihr Gesicht strahlte eine mir völlig unvertraute Wärme aus. »Du bist pünktlich. Das ist ja schon mal was.«

»Ehrensache«, erwiderte ich und pfefferte meinen Rucksack in eine Ecke.

»Du kommst vier Tage die Woche, nach der Schule. Du bekommst nicht viel Geld, aber wenn du etwas verkaufst, erhältst du einen Bonus. Und du darfst an den Kühlschrank, wann immer du willst. Keine Drogen während der Arbeitszeit. Besser noch, keine Drogen niemals. Deine Schulleistung darf nicht unter der Arbeit leiden. Wenn keine Kunden da sind und es gerade einmal nichts zu tun gibt, kannst du deine

Hausaufgaben machen. Wenn du klaust, fliegst du raus«, stellte Gloria in strengem Tonfall die Bedingungen klar. Ich nickte bloß zustimmend.

»Schön, wir sind uns einig«, resümierte Gloria, und ein verschmitztes Lächeln schlich sich in ihr Gesicht. »Dann danke ich dir für deine Hilfe. Womit fangen wir an?«

Die ersten Tage verbrachten wir ausschließlich damit, das Chaos in dem kleinen Bekleidungsgeschäft zu bezwingen. Ich faltete Hosen und Pullover, sortierte Shirts und platzierte alles so, dass es nachvollziehbar und übersichtlich war. Ich sorgte dafür, dass Kunden Preise und Größen fanden, ohne dafür einen Suchtrupp durch den Laden schicken zu müssen. Ich erklärte Gloria, welche Trends aktuell waren und welche Stücke nie einen Abnehmer finden würden. Für derlei Exemplare wurde ein designierter Wühltisch bestimmt. Ich wischte Staub, den Boden und räumte sogar die kleine Küche hinter dem Stoffvorhang auf. Am Ende meiner ersten Woche war das kleine Geschäft kaum wiederzuerkennen. Gloria fand, dass wir diesen Teilsieg mit einer kühlen Cola feiern sollten. Wir schlossen die Tür, setzten uns an den Plastiktisch in der Küche und stießen an.

»Auf deine harte Arbeit«, sagte Gloria feierlich, und ich hatte Mühe zu verbergen, wie glücklich mich ihre Wertschätzung machte.

»Wie kommt es, dass du hier hereinspaziert bist?«, fragte sie und nahm einen großzügigen Schluck. Der Kühlschrank summte in mein Schweigen hinein.

»Ich habe Arbeit gesucht, und es sah aus, als könntest du

jemanden brauchen«, antwortete ich schließlich wahrheitsgemäß.

Glorias Augen verengten sich kaum merklich. »Du hast
einen Akzent«, stellte sie fest, »was ist deine Muttersprache?«

Ich rutschte unruhig auf meinem Stuhl hin und her. Wann
immer möglich, verschwieg ich meine Herkunft und meine
Vergangenheit. Die Bushwick Community war bekannt wie
ein bunter Hund, besaß aber einen zweifelhaften Ruf. Mein
Blick fiel auf Glorias Ausschnitt. Über ihrem sonnenblumen-
gelben Top baumelte gut sichtbar ein goldenes Kreuz auf ihrer
dunklen Haut.

»Arabisch«, sagte ich, weil mir keine glaubhafte Lüge einfiel.

»Wie lange bist du schon in Brooklyn?«, bohrte Gloria
weiter. Es waren freundliche Fragen, die einzig darauf abziel-
ten, mich näher kennenzulernen. Trotzdem fühlte es sich an
wie ein Verhör.

»Mein ganzes Leben.«

»Hm«, machte Gloria. Sie stützte ihre kräftigen Unter-
arme auf den Tisch und brachte ihn für einen Moment ins
Wanken.

Bis heute weiß ich nicht, was mich dazu brachte, dieser
doch noch immer fremden Frau auf eine derart knappe Reaktion hin meine gesamte Lebensgeschichte zu erzählen. Vermutlich waren es ihre allgemeine Freundlichkeit und die
aufrichtige Wärme, die sie ausstrahlte. Natürlich ging ich
nicht ins Detail, und ich verschwieg die schockierendsten
Eckpunkte meiner Biografie, aber es tat gut, mich nach all den
Jahren jemandem anzuvertrauen. Helen hatte nie gefragt. Ge-

nau genommen hatte Gloria das auch nicht, aber man spürte, dass sie es hören wollte, dass sie mich weder in unerträglichem Mitleid ertränken noch gefühlskalt reagieren würde. Als mein Monolog geendet hatte, ergriff Gloria das Wort.

»Du musst mir das alles nicht sagen, wir sind hier nicht bei der Inquisition«, stellte sie klar. Mir war es augenblicklich peinlich, dass ich ohne Aufforderung so viel von mir preisgegeben hatte. Röte kroch in meine Wangen, und ich senkte den Blick auf den mehr schlecht als recht gefliesten Fußboden. Rot lackierte Zehen schauten aus meinen schwarzen Sandalen hervor, ich wackelte unangenehm berührt mit ihnen.

»Aber ich freue mich, dass du es tust«, fügte Gloria hinzu. Vorsichtig streckte sie ihren Arm über den Tisch, legte ihre Hand auf meine und drückte sanft zu. »Ich wollte heute Abend Hähnchen machen. Du kannst gern mitkommen, und wir essen gemeinsam. Ich wohne gleich dort auf der anderen Straßenseite.«

Von nun an begleitete ich Gloria, wann immer es mir möglich war, abends nach der Arbeit wie selbstverständlich zu sich nach Hause, half beim Kochen, aß und redete. Es ging gar nicht immer um mich und meine Vergangenheit, wir tauschten uns über alles aus, was uns in den Sinn kam. Sie half mir dabei, Sinnkrisen zu bewältigen, und spornte mich an, in der Schule mein Bestes zu geben. Ihre Ratschläge waren oft das genaue Gegenteil dessen, was Helen mir zuvor in einer ähnlichen Situation empfohlen hatte, und ich war geneigt, eher Glorias Anregungen Folge zu leisten. Nicht weil sie älter war und es wirkte, als hätte sie mehr Lebenserfahrung. Sie strahlte nicht mehr Weisheit aus, und ich hatte keinen Grund anzunehmen, dass ich besser daran war, auf sie zu hören. Ich glaubte ihr schlichtweg vollen Herzens, dass mein Wohl ihr wichtiger war als eigene Motive. Sie half mir nicht, weil ich ihr Fleisch und Blut war oder weil sie sich einen Vorteil davon erhoffte. Ihre Zuneigung war rein, sie musste nicht verdient werden, sie war einfach da. Während meine Mutter und meine Tante mir stets das Gefühl gaben, dass ich mir ihre Liebe erarbeiten musste, mich beweisen musste, verschenkte Gloria ihre Freundschaft bedingungslos an ein junges Mädchen, das sich offensichtlich nach Verbundenheit sehnte. Sie hätte sehr wohl meine Mutter oder sogar Großmutter sein können, und ein ums andere Mal ertappte ich mich bei dem Wunsch, es wäre so. Wie anders wäre mein Leben verlaufen, wie viel Schmerz wäre mir erspart geblieben. Glorias eigene Familie nahm mich ebenso herzlich auf wie sie. Es fühlte sich an, als wäre ich Teil der Familie – und als hätte ich zum ersten Mal tatsächlich eine.

Helen gefiel nicht, dass ich plötzlich jede freie Minute in einem Laden oder in der Wohnung einer älteren Frau verbrachte.

»Das ist unnatürlich«, sagte sie eines Morgens angewidert, während sie Frischkäse auf ihren Bagel schmierte. »Du bist blutjung, du solltest mit Menschen in deinem Alter abhängen oder Unsinn machen und dich für Jungs interessieren. Ich sollte dich zur Arbeit prügeln müssen, weil du lieber um die Häuser ziehen willst.«

»Ich arbeite gern«, erwiderte ich gelassen, »das Geld ist okay, der Job ist einfach, und Gloria ist nett.«

»Und darum musst du fast jeden Tag zu dieser Frau nach Hause und ihr den Kühlschrank leer fressen?«, giftete Helen,

Krümel von der Tischplatte fegend. »Das ist ja eine tolle Art, ihr zu danken.«

»Sie lädt mich ein«, rechtfertigte ich mich, obwohl ich fand, dass es dafür überhaupt keinen Grund gab. Ich hatte nichts falsch gemacht. Da war ich zumindest dieses eine Mal ganz sicher.

»Hat sie keine eigene Familie? Freunde in ihrem Alter? Einen Mann? Na ja, so wie sie aussieht, hat sie vielleicht wirklich keinen Mann. Dass man sich so gehen lässt. Du schaust dir das besser nicht ab.«

Mir gefiel überhaupt nicht, wie meine Tante über Gloria sprach, aber ich hütete mich, etwas zu sagen, und beließ es bei einer hochgezogenen Augenbraue.

»Willst du mir etwa sagen, ich habe unrecht?«, fragte Helen spöttisch. Ihr Fuß tippte nervös auf den Boden.

»Ich gehe weiter zu Gloria«, entgegnete ich bestimmt, »und es gibt auch keinen Grund dagegen. Ich bringe Geld nach Hause, es läuft gut in der Schule, und ich bin kein kleines Kind mehr.«

»Nur weil du meinst, erwachsen zu sein, heißt das nicht, dass ich dir nicht doch eine scheuer, wenn du frech wirst«, mahnte Helen, stand auf und ging.

Es tat mir leid, wie gekränkt sie wirkte, also berichtete ich am Abend Gloria von der Unterhaltung – zumindest von den Teilen, die sie nicht persönlich beleidigten. Sie schaufelte mir Erbsen und Kartoffelpüree auf den Teller, nahm mit der Gabel ein Stück Fleisch auf und drapierte es daneben. Erst dann sprach sie zögerlich.

»Es klingt, als wäre deine Tante unglücklich darüber, wie viel Zeit du mit mir verbringst.«

»Ach Mensch, sag bloß«, erwiderte ich, patziger als beabsichtigt. Es tat mir sofort leid, und ich biss mir auf die Unterlippe.

»Ich kann das verstehen«, fuhr Gloria fort. Ich blieb stumm, weil ich mit dieser Aussage nicht gerechnet hatte. »Sie ist dein Vormund, deine Ersatzmutter. Du hast mal erzählt, dass sie immer eine Tochter wollte und nur Jungs bekommen hat. Einer ist doch auch im Gefängnis, oder? Ich denke schon, dass sie sich in der Rolle deiner Mutter sieht, und sie hat Angst, dass ich versuche, ihr diese Position streitig zu machen.«

Ich runzelte misstrauisch die Stirn und schob mir eine Gabel Gemüse in den Mund. Gloria legte ihr Besteck auf den geblümten Teller und faltete die Hände zusammen.

Alles in ihrer Wohnung sah aus, als wäre es mindestens fünfzig Jahre alt, ich vermutete, dass ein Großteil der Einrichtung von ihren Eltern stammte, die sich die Sachen irgendwo zusammengeklaubt hatten. Das große Stoffpolstersofa mit dem Blumenmuster, die bestickten weißen Gardinen, der steinerne Couchtisch, die Messingkerzenhalter, das große hölzerne Kreuz, das im Flur hing; der massive Esstisch und die zusammengewürfelten Stühle mit den vielen Macken. Das erste Mal dachte ich ernsthaft darüber nach, wie alt Gloria sein mochte. Vielleicht fünfundfünfzig, schätzte ich. Dann wäre sie 1932 auf die Welt gekommen.

Ich kramte in meinem Kopf nach Eckdaten, historischen Ereignissen, die ich im Geschichtsunterricht und aus Büchern gelernt hatte. Ihre Eltern waren womöglich noch im 19. Jahrhundert auf die Welt gekommen. Wie die Welt damals wohl gewesen sein mochte? Ich verstand noch immer wenig genug von dem, was sich aktuell abspielte, weil ich so lange völlig isoliert davon aufgewachsen war. 1865 wurde die Sklaverei abgeschafft, erinnerte ich mich. Glorias Großeltern waren vielleicht selbst noch Sklaven gewesen, sicher aber waren sie die Kinder von Sklaven. Die Rassentrennung endete erst durch den Civil Rights Act 1964, zehn Jahre vor meiner eigenen Geburt. Gloria musste zu dieser Zeit bereits erwachsen gewesen sein. Sie hatte ihr halbes Leben nicht trinken dürfen, wo sie wollte, sitzen, wo sie wollte, stehen und gehen, wo sie wollte. Sie hatte es weit gebracht für eine schwarze Frau in den USA, stellte ich anerkennend fest. Ihre Großeltern hatten Leuten gehört, Gloria gehörte ein Geschäft.

» Ich wäre ihr an deiner Stelle nicht gram «, riss Gloria mich aus meinen Gedanken, » obwohl sie bestimmt noch viel hässlichere Dinge über mich gesagt hat. Sie ist eifersüchtig. Verbringe ein wenig mehr Zeit mit ihr, zeig ihr, dass sie nicht überflüssig ist. Sie will einfach nicht abgeschoben werden. «

Ich überlegte einen Moment.

» Ich werd's versuchen «, versprach ich, und Gloria schenkte mir ihr schönstes Zahnlückenlächeln.

» Magst du Nachschlag? «

Meine Mutter und meine Tante wurden beide nie warm mit der Vorstellung, dass ich so eine enge Beziehung zu einer anderen Frau aufgebaut hatte, dass sie für mich wie eine Mutter war. Vielleicht ärgerten sie sich auch einfach über ihre eigenen

Unzulänglichkeiten und darüber, dass ich Gloria mindestens genauso liebte wie sie, obwohl wir nicht verwandt waren. Blut ist dicker als Wasser, heißt es, und sicher stimmt das irgendwie. Ich würde einen anderen Menschen, der mir Dinge antut, die Jules und Helen mir angetan haben, nie aufrichtig lieben, nie zu ihm zurückkehren wie ein höriger Hund. Aber zu meiner Mutter zog es mich immer wieder, einfach weil sie meine Mutter war. An dem alten Sprichwort mag also ein Funke Wahrheit sein.

Trotz all meiner Zuneigung verlor ich Gloria nach meinem Umzug aus den Augen und fand sie erst Jahrzehnte später über Facebook wieder. Blut und Wasser hin oder her, die Freude war größer, als ich sie bei meiner Mutter je empfunden hatte. Wir sprachen viel über die Jahre, die wir einander nicht gesehen hatten, ich erzählte Gloria alles über meine Auswanderung, meinen Umzug nach Berlin, meine neue Karriere als Komikerin und meine eigene wundervolle Tochter.

»Du bist jetzt Oma«, witzelte ich, aber im Grunde war es mein voller Ernst. Wenn ich darüber nachdenke, wie ich als Mutter sein möchte, halte ich mir weder meine Mutter noch meine Tante vor Augen, sondern Gloria, ihre Lebensfreude, ihre Wärme und Herzlichkeit. Was hat meine Tochter für ein Glück, dass meine Ersatzmutter mich diese Dinge gelehrt hat. Wer weiß, vielleicht wäre ich sonst eine Mutter wie die meine.

Wie gewonnen, so zerronnen

Ich hielt es bei meiner Tante kein ganzes Jahr aus. Mein neues Martyrium war verglichen mit dem vorherigen ein Fliegenschiss, aber wenn ich misshandelt wurde, egal, wo ich war, konnte ich auch gleich zu meiner Mutter zurück. Es war, als wäre ich wie durch unsichtbare Ketten mit ihr verbunden. Und ich war mir sicher, dass sie mich brauchte. Mir war zu Ohren gekommen, dass sie nach Philadelphia umgezogen war. Sie war noch immer treue Anhängerin der Community, aber im Zuge der Ausweitung der Sekte gab es neue Dependancen in verschiedenen Städten. In Philly hatte Mom offenbar ihr eigenes Haus außerhalb eines Sekten-Campus. Ich bezweifelte, dass sie überhaupt in der Lage war, einen Haushalt zu führen, und hegte die fromme Hoffnung, das Leben würde anders, wenn wir wie eine richtige Familie in einem richtigen Haus wohnten – alle zusammen, nicht nach Geschlecht und Alter in verschiedene Behausungen aufgeteilt. Ganz stinknormal. Meine Geschwister waren allesamt mitgekommen, das erste Mal in meinem Leben war mir die Chance gegeben, mit ihnen unter einem Dach zu leben, wie es sich für eine gewöhnliche Familie gehört.

Natürlich erzählte ich keiner Menschenseele von meinem Vorhaben, nicht einmal Gloria, weil ich fürchtete, es bräche ihr das Herz. Mühsam sparte ich jeden Penny zusammen, versteckte das Geld in meiner Sockenschublade und ackerte wie ein Pferd, bis ich genug Geld zusammenhatte. Genüsslich ließ ich die grünen Dollarscheine durch meine langen Finger blättern, während ich sie zum x-ten Mal zählte. Zwischen meinen Unterhosen hatte ich einen Greyhound-Bus-Fahrplan versteckt. 625 8th Avenue, New York City – dort befand sich die Port-Authority-Haltestelle, von der aus ich in gut zwei Stunden direkt in Philadelphia wäre. Ich würde mit der S-Bahn bis Hell's Kitchen fahren müssen, dort dann in den Bus springen und hoffen, dass meine Tante nicht derweil Wind davon bekam und mich einholte, bevor ich über alle Berge war.

Die meisten meiner Sachen musste ich zurücklassen, weil ich nicht mit einer riesigen Tasche aufbrechen konnte, ohne Verdacht zu wecken.

»Ich treffe mich mit Vanessa zum Lernen, wird später«, rief ich im Gehen.

»Vor neun!«, schrie Helen mir hinterher, und ihre mütterlichen Fürsorge machte mir das Herz schwer. Es tat mir leid, dass ich einfach verschwand. Sie würde sich Sorgen machen, bis sie meinen alles erklärenden Brief unter dem Kopfkissen finden würde. Noch viel größere Angst aber hatte ich, dass sie ihn zu früh finden könnte.

Meine Hände schwitzten den ganzen Weg bis nach Hell's Kitchen, und als ich am Schalter mein Busticket kaufte, hätte ich es beinahe fallen gelassen, und es wäre mit dem Wind davongeflogen. Die gesamte Fahrt verbrachte ich hin- und hergerissen zwischen Vorfreude und Gewissensbissen. Als wir Princeton passierten, hatten sich meine Nerven so weit beruhigt, dass es erträglich war, und als wir den Delaware River erreichten, träumte ich von dem bevorstehenden Wiedersehen, dachte mir verschiedene Szenarien aus und überlegte, was ich tun würde, wenn ich Mom dort gar nicht vorfände.

Eine alte Freundin aus der Community hatte mir die neue Adresse meiner Mutter gegeben. Diese hatte natürlich keine Ahnung, dass ich in wenigen Stunden auf der Matte stünde. Ich malte mir aus, wie sie reagieren würde. Wäre sie wütend, weil ich ein Jahr zuvor einfach gegangen war? Wäre sie froh, mich zu sehen? Würde sie mich postwendend zurück nach Brooklyn schicken? Nun, dachte ich, dann hätte ich es wenigstens versucht.

Zu meiner Erleichterung schien sie sich tatsächlich zu freuen, als sie die Tür öffnete und mich auf der Schwelle vorfand.

»Hey Mom«, begrüßte ich sie quasi erklärend, für den Fall, dass sie mich nicht erkannte. Sie war noch immer verschleiert, und es kam mir vor, als wäre kein Tag vergangen, seit ich sie das letzte Mal gesehen hatte. »Sorry, dass ich damals einfach gegangen bin, aber ich hätte es keine Sekunde länger ausgehalten.«

Natürlich war sie stinksauer, dass ich undankbares Stück den Schoß meiner auserkorenen Familie verlassen hatte. Aber sie umarmte mich trotzdem, und es fühlte sich an, als versuchte mein Herz aus meiner Brust zu platzen wie Debbie Reynolds aus einem Kuchen. Umarmungen waren wertvoll, weil sie so selten vorkamen. Der Gedanke, dass ich Mom nun jeden Tag würde berühren können, wischte die letzten Zweifel davon.

Meine Geschwister nahmen mich weniger freudig auf. Konsens war, dass ich sie im Stich gelassen hatte, und das sei, unabhängig von den Umständen, unverzeihlich. Harun war zwar nur ein Jahr jünger als ich, aber ich war trotzdem die Älteste, die große Schwester, die gefälligst da zu sein hatte, auch wenn man im Grunde genommen überhaupt nichts miteinander zu tun hatte. Man machte sich nicht aus dem Staub. Das war feige.

Ich nahm die Anschuldigungen einfach hin, weil ich unendlich froh war und zum ersten Mal in meinem Leben wirklich das Gefühl hatte, zu Hause zu sein.

Das Haus war mit Leben gefüllt, immerhin waren wir eine beachtliche Kinderschar. Einzig mein jüngster Bruder, Bilal, war noch nicht gezeugt worden. Sechs meiner Geschwister hatten den Weg auf die Welt bereits gefunden. Sieben Kinder und vier Fehlgeburten in 15 Jahren. Meine Mutter hatte nicht nur eine Gebärmutter – sie war quasi eine.

Mein jüngstes Geschwisterchen war noch ein Baby, als ich die Familie vervollständigte, und für eine kurze Zeit lief alles den Umständen entsprechend wirklich annehmbar. Ich konnte endlich eine wirkliche Bindung zu Mom und meinen vielen Geschwistern aufbauen, und auch Moms neuer Kerl, Bilal, schien nicht der schlechteste Umgang zu sein. Natürlich hingen sie allesamt noch immer an Yorks klebrigen Lippen, aber durch die räumliche Trennung war sein Einfluss geschmälert. Ich durfte sogar weiterhin meine Straßenkleidung tragen und wurde nicht wieder in ein Bettlaken gesteckt. Meine Mutter war dazu übergegangen, alle Klamotten selbst zu nähen – aus finanziellen Gründen und vielleicht auch deshalb, weil es vor dem Internetzeitalter recht schwierig war, Ganzkörperroben für Kinder sämtlicher Altersgruppen in einem Geschäft ausfindig zu machen.

Eines Tages verlautbarte meine Mutter sogar, dass meine Tante mir meinen unvermittelten Aufbruch verziehen hatte. Eigentlich hätte jetzt alles in Butter sein können. Ich fand eine Schule in Philly, meine dysfunktionale Familie lief nicht vollends rund, aber die Beziehungen entwickelten sich gut. Dann entschied Bilal, dass so viele zu stopfende Mäuler nach einer weiteren Einkommensquelle verlangten. Was lag näher, als mich dafür zu prostituieren? Genau. Nichts.

Meine Mutter war insoweit beteiligt, dass sie davon wusste. Manchmal fuhr sie mich zu meinen Terminen oder holte mich danach ab. Ich glaube nicht, dass es ihre Idee war, meinen Körper zu verkaufen, aber angesichts ihrer eigenen Biografie war es auch nicht überraschend, dass sie nicht mit der Wimper zuckte. Immerhin war ihr Stiefvater einst ganz ähnlich mit ihr umgesprungen. Und der Tipp mit dem Gärtnern war nach wie vor gültig. Was sollte also schon schiefgehen?

Natürlich fragte niemand, ob ich mit diesen grobschlächtigen notgeilen Alten intim werden wollte. Man brachte mich an einen verabredeten Ort, befahl mir zu tun, was der Typ mit den beschlagenen Brillengläsern oder dem hässlichen Pullunder jeweils von mir wollte, und achtete darauf, dass die Bezahlung stimmte. Ich machte mit. Mom beherrschte es, die Klaviatur meiner Emotionen so perfekt für ihre Zwecke zu spielen, dass es ihr ein Leichtes war, mich tun zu lassen, was von mir erwartet wurde. Die Trauer in mir war tief und dunkel, so wie der Platz unter dem Bett, zwischen Matratze und Fußboden.

Dort leben die Monster, die nachts deine Fesseln packen und dich mit in die Finsternis nehmen. Sie wohnten in diesem lichtlosen Raum in meinem Kopf und raunten mir mit gewetzten, gebleckten Zähnen zu, dass das Leben nun einmal so sei. Mir war glasklar, dass ich schnellstens etwas unternehmen musste, meiner körperlichen und geistigen Gesundheit zuliebe. Dafür gab es nur eine gangbare Lösung: die Flucht nach vorn. Meine Fantasie vom harmonischen Familienleben kam mir plötzlich naiv und albern vor. Das hier war die harte Realität, kein Roman, kein Hollywoodstreifen und garantiert kein Happy End. Die waren für Prinzessinnen reserviert und Figuren, die zwischen den Seiten eines Buches oder auf der Leinwand lebten.

Für einen kurzen Moment zog ich in Erwägung, zurück nach Brooklyn zu fliehen, aber das schien mir ein Rückschritt zu sein. Mein pfiffiger Einfall führte mich fort von allen Blutsverwandten. Die waren in der Vergangenheit einfach keine allzu sichere Bank gewesen.

Es war kalt an diesem Abend, aber das scherte mich nicht. Mir war klar, dass ich wieder einmal keine Zeit haben würde, mein bisschen Hab und Gut zu packen oder mich dem Wetter gemäß anzuziehen, also würde es so gehen müssen. Man gewöhnt sich daran, ständig alles zurückzulassen. Mittlerweile war ich eine stete Einnahmequelle für den Haushalt. Sollte jemand Verdacht schöpfen, dass ich versuchte zu fliehen, wäre mein Vorhaben im Keim erstickt worden.

Der Mond stand bereits hoch am Himmel, als ich endlich aus der Haustür schlüpfen konnte. Den Kopf zwischen den Schultern eingezogen, schlich ich die paar Schritte zur Straße hinunter, sah mich ein letztes Mal um und spürte trotz allem ein wenig Wehmut in der Kehle, als ich das warme Licht aus dem Küchenfenster in die Nacht strahlen sah. Doch was mir den Abschied schwer machte, war nur ein Hirngespinst, die Vorstellung dessen, was hätte sein können, aber niemals war. Ich schüttelte den Kopf, als wollte ich mich von allen Gedanken befreien, drehte mich blitzschnell um und begann zu rennen.

Meine Sandalen knallten mit jedem Schritt lautstark auf den Bürgersteig, ähnlich durchdringend wie mein hämmerndes Herz. Nach einigen Querstraßen war ich schweißgebadet, obwohl ich keine Jacke trug. Finstere Gassen, Leuchtreklamen und Fußgänger rauschten an mir vorbei, alles sah aus wie ein verwaschenes Gemälde, während ich die Blocks rückwärts zählte. Noch 72, meldete mein ebenfalls rasender Kopf, noch 54, noch 28, zehn, neun, acht, sieben, sechs – jeder Atemzug jagte Dutzende winzig kleine Nadelstiche meine Luftröhre hinab, meine Bauchmuskulatur stand in Flammen. Als ich nach exakt neunzig Blocks das Haus einer Freundin erreichte, musste ich all meine Kraft zusammennehmen, nicht wie ein nasser Sack zusammenzufallen. Stattdessen zwang ich mich, den Rücken durchzustrecken und meine wintersprödzen Lippen zu einem Lächeln zu krümmen, ehe ich klopfte.

Die Freundin, zu der ich geflohen war, schaffte es irgendwie, ihre Eltern davon zu überzeugen, mich nicht zu verraten. Ich erhielt Zugang zu ihrer heilen Welt, aß königlich, sah Fernsehen und schlief ruhig. Die zweite oder dritte Nacht lag ich dennoch lange wach und fragte mich oder Gott oder das Schicksal, warum ausgerechnet ich nicht in einer Familie wie dieser aufwachsen durfte. Es musste einen Sinn geben, einen Grund, warum eine höhere Macht, wer auch immer das sein mochte, beschlossen hatte: Die da, die schicke ich durch die Hölle. Ich konnte mir keinen Reim darauf machen. Mir kam einfach kein akzeptabler Grund in den Sinn. Sieben Tage verbrachte ich in Frieden und Ruhe, bis meine Mutter mich aufspürte und nach Hause zerrte.

Am Morgen nach meiner Rückkehr beschloss sie, dass dringend professionelle Hilfe notwendig war, um unser zerrüttetes Verhältnis zu kitten.

»Tamika, wir gehen heute zu einer Therapeutin«, erwähnte sie beim Frühstück ganz beiläufig, als ginge es um eine Fahrt zum Supermarkt. Mir kam diese plötzliche Einsicht recht spanisch vor, aber ich dachte, dass es sicher nicht schaden konnte. Ich war noch immer blutjung, um die 15 Jahre alt, und liebte meine Mutter, trotz allem, sehr. Selbst die letzten unglücklichen Jahre hatten daran nichts ändern können. Ich war kein Dummkopf und sehr wohl in der Lage zu reflektieren, warum meine Mutter tat, was sie eben tat. Darum war ich willens, zu diesem ungewöhnlichen Termin mitzugehen – obwohl ich mir herzlich wenig davon versprach.

Als wir unser Ziel beinahe erreicht hatten, verwickelte mich meine Mutter in ein äußerst verwirrendes Gespräch. Das erschien mir nicht weiter ungewöhnlich, denn viele unserer Gespräche waren für mich und aller Wahrscheinlichkeit nach sogar für uns beide alles andere als einleuchtend. Moms Lebensweisheiten wurden mit zunehmendem Alter verwegener, und ich war es mittlerweile gewohnt, ihren Gedankengängen nicht ganz folgen zu können.

»Du solltest gärtnern, das ist gut für den Geist und entspannt ungemein«, ist nun einmal nicht die Reaktion, die sich ein junges Mädchen erhofft, wenn es all seinen Mut zusammennimmt und seiner Mutter von jahrelangem Missbrauch zu erzählen versucht. Entsprechend gering war meine Erwartungshaltung an den Termin. Ich konnte mir nicht vorstellen, dass irgendjemand diese Frau dazu bringen konnte, ihre Gefühle wie ein Normalsterblicher zum Ausdruck zu bringen, egal, wie professionell dieser Mensch auch sein mochte.

Im Nachhinein betrachtet hätte mir der Eingangsbereich ungewöhnlich erscheinen können. Oder die Größe des Gebäudes. Die vielen Jugendlichen. Das Wartezimmer, das im Grunde wie ein stinknormales Vorzimmer aussah und in dem, bis auf uns, niemand wartete. Aber die große Welt und ihre Institutionen waren mir noch immer fremd, darum perlten die Merkwürdigkeit der Situation und die Unstimmigkeit zwischen dem, was ich sah, und dem, was ich erwartet hatte, unbeachtet an mir ab.

Wir wurden in ein freundliches, helles Zimmer gebeten, in dem eine gut gelaunte Dame hinter einem Schreibtisch auf uns zu warten schien.

»Nehmt doch bitte Platz«, bot sie höflich an und deutete auf zwei gemütliche Sessel. Wir bekamen heißen Tee und plauderten zunächst über Unverfängliches, bevor es ans Eingemachte ging und meine Mutter in den buntesten Farben ausmalte, was mit mir nicht stimmte. Sie war bemüht, mich nicht als Totalausfall darzustellen, rückte mich aber dennoch in zutiefst unvorteilhaftes Licht. Ich hörte die meiste Zeit einfach nur stumm zu, während ich immer tiefer im Polster des Sitzmöbels versank und mir wünschte, ich wäre unsichtbar.

»Ich würde dann jetzt gern mit Tamika allein sprechen«, verkündete die Therapeutin abrupt, nachdem eine Stunde angeregt darüber gesprochen worden war, was alles verkehrt an mir war. In mir erwachte die zarte Hoffnung, dass sie vielleicht unter vier Augen einiges des Gesagten revidieren oder meine Sicht der Dinge anhören wollte. Es wäre doch möglich, versuchte ich mich selbst zu beruhigen. Meine Mutter ging, ohne sich zu verabschieden, warum sollte sie auch.

Die untere Gesichtshälfte der Therapeutin lächelte, als sie aufstand und zur Tür ging. »Wir wären hier jetzt so weit«, rief sie den Flur hinunter. Sicherlich nicht zu meiner Mutter, denn es war noch keine Minute her, dass sie hinausgebeten worden war, und die Ärztin und ich hatten kein Wort gewechselt. Stattdessen traten zwei junge Damen in weißen Kitteln durch die schmale Tür. Schlagartig wurde mir bewusst, dass alle außer mir standen, und ich sprang von meinem Stuhl auf, als hätte er mir in den Hintern gebissen.

»Wo ist Mom?«, war alles, was ich herausbrachte. Dabei war mir mittlerweile natürlich klar, dass ich in eine Falle getappt war. Mom saß in keinem Wartezimmer, bereit, mich wieder mit nach Hause zu nehmen. Mom saß vermutlich schon im Bus auf dem Weg zurück zu ihren anderen Kindern. Sie hatte mich ausgetrickst. Das vollkommen zusammenhangslose Gespräch über die Nestbaugewohnheiten der Kohlmeise sollte mich lediglich davon ablenken, dass es sich hier gar nicht um eine stinknormale Praxis handelte. Schön blöd, dass ich mittlerweile lesen konnte. Noch blöder, dass ich es nicht getan hatte.

» Ich denke, ich bin dir eine Erklärung schuldig. Wir sind keine psychotherapeutische Praxis. Das hast du dir vermutlich schon gedacht. Wir sind ein Heim. Ich bin die Heimleiterin «, eröffnete mir die Frau mit dem kalten Lächeln. Sie sah plötzlich erhaben aus in ihrem Bleistiftrock mit ihren Storchenbeinen. Die falsche Therapeutin deutete auf die beiden beschürzten Frauen: » Das sind Maria und Paula «, erklärte sie, » zwei Krankenschwestern. Die machen jetzt die Aufnahme mit dir, und dann kommt jemand und zeigt dir dein Zimmer. «

Es sollte sicherlich warm klingen, aber mir kroch unwillkürlich eine Eiseskälte den Nacken empor. So weit war es also gekommen. Ich machte mir keine Illusionen darüber, dass es mir im Heim vielleicht besser gehen würde, als es während meiner bisherigen Stationen der Fall war. Einen Großteil meiner Kindheit hatte ich zwar fernab jeglicher normaler Gesellschaft verbracht, aber ich war ja nicht von gestern. Heim – das bedeutete nichts Gutes. Möglicherweise wäre es aber auch nicht schlimmer als mein bisheriges Leben.

Rangeleien

Der erste Eindruck machte mir Mut, wenngleich das nicht über die wenig erbauliche Tatsache hinwegtröstete, dass meine eigene Mutter mich hier ausgesetzt hatte wie einen Hund, den man nicht mit in den Urlaub nehmen wollte. Nach meiner Konsultation mit der Heimleiterin zeigte man mir mein Vierbettzimmer, meinen Platz im Schrank und die restlichen Räumlichkeiten: die Mensa, den Aufenthaltsraum, die bescheidene Gartenanlage. Ich war schüchtern, wollte nicht im Zentrum der Aufmerksamkeit stehen und hielt mich die ersten Tage so weit im Hintergrund, wie es als die Neue irgend möglich war. Meine Zimmerkameradinnen verhielten sich in einem annehmbaren Maß freundlich distanziert. In mir saß der Schmerz tief; es ist nicht leicht, wenn man von der eigenen Familie verstoßen wird, so bescheiden sie auch sein mag. Dennoch – alles in allem war das Leben erträglich.

Ein eindrücklicher Hinweis darauf, dass meine Zeit im Heim kein Spaziergang werden würde, ereignete sich nur wenige Tage später zu nachtschlafender Zeit.

Eigentlich hatte ich mich gefreut, dass mir das untere Bett

zugeteilt worden war. So blieben mir die morgendlichen und abendlichen Kletterpartien erspart, und ich würde auch nicht versehentlich aus dem Bett rollen und in die Tiefe plumpsen. Nicht bedacht hatte ich, dass es so auch wesentlich einfacher für meine neuen Mitbewohner wäre, mich zu verprügeln.

Kathy und Heather waren die Strippenzieher der Wohngruppe und ein wenig wie Pinky und Brain aus der gleichnamigen Zeichentrickserie. Kathy war das Köpfchen, Heather hatte die Muckis. Außerdem waren sie ein Liebespaar, wohl aus Zweckmäßigkeit. Da die clevere Kathy in der Rangordnung an erster Stelle stand, muss sie sich ausgedacht haben, wie ich in die Gemeinschaft eingeführt würde. Solcherlei Rituale werden für gewöhnlich von ganz oben bestimmt. Zu meinem Unglück entschied sie, dass es sinnvoll wäre, mich in die Unterwürfigkeit zu prügeln, damit ich ja nicht auf die Idee käme, ihre Herrschaft infrage zu stellen. Nicht gerade nett, aber auch nicht doof. Wer sich einen entsprechenden Ruf verschafft, lebt unbehelligt.

Ich schlief also tief und fest in meinem mehr oder minder bequemen Doppelstockbett, als ich äußert rüde und abrupt aus den Träumen gerissen wurde, weil sich irgendjemand darangemacht hatte, mich wie einen Burrito in mein Bettlaken einzuwickeln. Das Vorhaben war gut geglückt, und ich hatte keine Chance, mich zu rühren, geschweige denn, einen Befreiungsversuch zu unternehmen. Da mein Gesicht sich ebenfalls unter der Decke befand, konnte ich nicht sehen, wer meine Peiniger waren. Kathy keifte ihre Befehle allerdings immer wie ein verstimmter Chihuahua und machte es damit leicht, sie zu identifizieren. Heather war also auch da, denn die beiden waren niemals getrennt. Wer die anderen waren, konnte ich nicht sagen. Sicher wusste ich nur, dass sich mehrere Handlanger gefunden haben mussten, denn mindestens zwei Hände hielten mich fest eingewickelt, während andere Gefolgsleute enthusiastisch auf meinen ungeschützten Körper eindroschen.

Zu gern hätte ich meinen Schädel oder Bauch mit den Armen geschützt, doch es war nichts zu machen. Mir blieb nichts anderes übrig, als zu ertragen, wie mit harten Gegenständen gefüllte Kissenbezüge wieder und wieder mit Wucht auf mich einschlugen. Als sie endlich von mir abließen, regte ich mich nicht, aus Angst, eine neue Lawine der Gewalt loszutreten. Ich wagte es nicht einmal, meinen lädierten Körper abzutasten, bis ich ganz sicher war, dass nur noch meine Mitbewohner im Raum waren und tief und fest schliefen. Zaghaft befühlte ich Stirn, Knochen und Muskeln und machte eine erste Bestandsaufnahme. Gebrochen war nichts, stellte ich mit gewisser Erleichterung fest. Unter meinem löchrig-gewaschenen Ninja-Turtles-Schlafanzug ertastete ich einige Blutergüsse, aber nichts, was nicht seit frühester Kindheit für mich alltäglich gewesen wäre.

Obwohl sich das Geschehene nicht groß von meiner bisherigen Realität unterschied, nistete sich ein Gefühl tiefer Erniedrigung in meinen Brustkorb ein, und es gefiel mir überhaupt nicht. Von Erwachsenen war ich an körperlichem Schmerz und Erniedrigung weitaus Schlimmeres gewohnt. Gleichaltrige, die mich unterlegen wissen wollten, waren mir hingegen ein Dorn im Auge. Die Lektionen meiner Tante klangen mir im Ohr, zumindest glaubte ich, ihre Stimme unter dem Pfeifen auszumachen, das mich ebenfalls seit dem Vorfall begleitete. Wehr dich, du Lusche, hörte ich sie sagen und erinnerte mich lebhaft daran, wie sie es gewesen war, die auf mich einschlug.

Wenn ich jetzt nicht möglichst nachhaltig meine eigene Überlegenheit demonstrierte, würde es schlimm für mich enden. Ich hatte gar keine Wahl, wenn ich den Kopf über Wasser halten wollte. Ich musste es Kathy und Heather heimzahlen. Am besten so, dass sie nie wieder auf die Idee kämen, mich anzurühren. Wenn die unangefochtene Königin und ihre Leibwächterin sich nicht mehr an mich herantrauten, würde ich auch für den Rest der Jugendlichen unantastbar, das hatte mich Tante Helen gelehrt. Versäumte ich, mich zu rächen, wäre ich für die nächsten Jahre der Gemeinschafts-Boxsack.

Mein Plan nahm schnell Gestalt an, doch es dauerte eine Weile, bis sich mir eine günstige Gelegenheit für meinen Gegenschlag bot. Während ich in Wartestellung verharrte, ging ich dem geregelten Tagesablauf des Heims nach, aß meist allein an einem Tisch, besuchte den Unterricht stillschweigend und verzog mich bei jeder Gelegenheit mit einem guten Buch in eine unbeachtete Ecke. Auf keinen Fall war es ratsam, in diesem Stadium Aufmerksamkeit zu erwecken. Bevor ich mich behaupten konnte, wäre es das Beste so zu tun, als existierte ich überhaupt nicht.

Um uns ein zivilisiertes Miteinander nahezubringen, standen jeden Nachmittag Gruppenaktivitäten auf dem Tagesplan; die Teilnahme war für alle Bewohner des Heims verpflichtend. Es war ein schöner Frühlingstag im April, darum waren wir draußen, um uns gemeinsam sportlich zu betätigen. Auf diese Weise sollte Teamgeist in uns geweckt werden, in den meisten weckte es aber nur den unbändigen Drang zu gewinnen und dem Gegner dabei größtmögliche Schmerzen zuzufügen, ohne sich selbst dabei in Schwierigkeiten zu bringen.

Meine Stellung als Fußabtreter hatte sich seit der unschönen Kissenschlacht bereits verfestigt, trotz meiner Versuche, mich in Luft aufzulösen. Daher war ich auf den Gemeinschaftssport nicht sonderlich scharf. Das Blatt wendete sich, als ich bemerkte, dass weder Kathy noch Heather an ihrem sonst angestammten Platz bei den Tischtennisplatten saßen, um Hof zu halten. Üblicherweise thronten sie dort und ließen sich von den umstehenden Mädels bewundern, berichteten von ihren Heldentaten und untermauerten ihre Position als Alphaweibchen. Aber statt der beiden und ihrer Menagerie hüpfte bloß ein Spatz fröhlich im Zickzack umher.

Meine Handinnenflächen wurden augenblicklich schwitzig, und das Bewusstsein, dass meine Stunde wohl gekommen war, bahnte sich langsam den Weg durch mein zentrales Nervensystem wie Wasser durch eine verschachtelte Flusslaufverzweigung. Es kam absolut darauf an, dass ich die beiden allein erwischte. Es durfte keine Zeugen geben, weil jeder Beweis meiner Schuld mir fürchterlichen Ärger eingebrockt hätte.

»Ich muss auf Toilette«, erklärte ich der Aufsichtsperson, bedacht darauf, möglichst beiläufig zu klingen, und verschwand durch den Haupteingang im Gebäude, ehe sie widersprechen konnte. Links, den Gang entlang, wieder links, die

Treppe nach oben durch die fünfte Tür rechts war mein Schlafzimmer. Dort lehnte hinter einem Kleiderschrank aus massiver Eiche ein ebenso massiver Baseballschläger. Ich hatte ihn kurz nach dem Besuch meines grobschlächtigen nächtlichen Willkommenskomitees während des Sportunterrichts aus dem Geräteraum stibitzt und seither gut versteckt gehalten. Mit klitschnassen Händen umfasste ich den abgenutzten Griff, und um ein Haar wäre mir das Ding auf den Boden geknallt und hätte womöglich irgendjemanden alarmiert.

Unbeirrt schlich ich zurück auf den Flur und steuerte direkt auf den Gemeinschaftsraum zu, wo der einzige Fernseher stand. Mein Spürsinn hatte mich nicht getäuscht. In trauter Zweisamkeit hockten Kathy und Heather auf dem Sofa, hielten Händchen und kicherten, versunken in irgendeine stumpfsinnige Nachmittagstalkshow.

Es war fast zu einfach. Mein erster Schlag traf Heather so heftig am Hinterkopf, dass sie von der Couch flog, bäuchlings auf dem Boden landete und reglos verharrte. Blieb nur die zierliche Kathy, die zwar gewieft war, aber nicht scharfsinnig genug, um aus dem Stegreif einen Konter auszuklügeln. Ich wollte Kathy nicht so einfach davonkommen lassen, war aber in Sorge, dass ein einziger Hieb mit dem Baseballschläger sie aus Versehen umbringen könnte, also ließ ich ihn fallen und drosch mit den Fäusten auf sie ein. Entfernt nahm ich wahr, dass sich himbeerrotes Blut in das geblümte Stoffmuster des Teppichs mischte, doch ich hörte erst auf, als mich jemand von Kathys bebendem Körper zog. Verdammtes Temperament, dachte ich, als eine Aufsichtsperson meine Handgelenke hinter meinem Rücken zusammenband. Ich wehrte mich nicht, und die Furcht in den Augen der Erwachsenen machte mich verlegen und trotzig zugleich. Ich hatte nicht vorgehabt, so brutal zu werden. Manchmal, wenn man lange genug schikaniert wird, bricht der Zorn einfach aus einem heraus wie der Sektkorken aus der Flasche. Kathy hatte nicht nur für ihr eigenes Verhalten Schläge kassiert, sondern stellvertretend für all die vielen Despoten und Tyrannen in meinem bisherigen Leben.

Eine Gerichtsverhandlung und das volle Strafmaß waren das Resultat meiner Abrechnung. Ich wurde vom Justizgebäude ohne Umwege in eine Jugendstrafanstalt gesteckt. Hätte ich mich zusammengerissen und es bei zwei, drei kräftigen Haken belassen, wäre ich wohl unertappt davongekommen. Weder Kathy noch Heather hätten gepetzt, das war ehrlos. Aber über kurz oder lang hätte jede Bewohnerin des Heims gewusst, dass ich verantwortlich war. Damit wären meine Ruhe und meine Freiheit sichergestellt gewesen. Nun hatte ich diese für meinen Gegenschlag geopfert.

Im Gefängnis war ich ein kleiner Fisch, viele der Mädchen waren für schlimmere Vergehen dort. Für meine Mitinsassinnen war es ungewohnt, hinter Gittern zu wohnen. Vollgestopfte Schlafsäle, unüberwindbare Zäune, abgeschlossene Räume, keine Freiheit, keine Freizeit, keine Jungs, Aufstehen vor dem Morgengrauen. Durch mein Aufwachsen als Ansaaru war mir dieses Dasein sehr wohl bekannt, und ich ertrug es mit wesentlich mehr Fassung als die meisten anderen. Die Gefängniskleidung war im Endeffekt mit unseren weiten Gewändern vergleichbar. Statt Burka trug ich nun orangefarbene

Overalls. Mir sollte es recht sein. Das Essen war erträglich, es gab eine Bibliothek, in der ich nach Belieben stöbern und lesen konnte, niemand verprügelte mich im Schlaf, und vergewaltigen wollte mich auch keiner. Knast war, stellte ich überrascht fest, nicht schlechter als die Community oder das Heim.

Natürlich war es recht nervig, an einem Ort festzusitzen, aber es war nicht so, als hielten mich die dicken Mauern davon ab, auf die Bahamas zu fliegen. Dafür sorgte meine Armut ohnehin. Wenn man bettelarm ist und nicht unbedingt in einem der schlimmeren Gefängnisse landet, ist es drinnen gewissermaßen besser als draußen. Zu Beginn war es ungewohnt, mit Straftätern zusammenzuwohnen, aber letztlich musste ich mir eingestehen, dass ich noch nie ohne Straftäter gelebt hatte – der einzige Unterschied war, dass diese hier geschnappt worden waren.

Hinter Klingendraht, Feldern und Wald waren die Stadt, die Menschen und die Freiheit, aber ich hatte niemanden, zu dem ich zurückkehren wollte. Niemand rief mich von jenseits der Mauern.

Manchmal fragte ich mich, ob Kathy und Heather den Vorfall unbeschadet überstanden hatten. Gewissheit habe ich nie erlangt. Aber hätte ich eine von ihnen ernsthaft verletzt, wäre ich sicher nicht so ungeschoren davongekommen.

Als ich drei Monate später zurück ins Heim kam, wagte es niemand mehr, mich zu schikanieren. Natürlich hätte ich trotzdem lieber darauf verzichtet, zwei Mädchen ihren Hochmut aus dem Leib geprügelt zu haben, aber manchmal muss man im Leben Dinge tun, die man nicht tun will, um zu verhindern, dass einem Dinge widerfahren, die wirklich niemandem widerfahren sollten. Es war sicher nicht gerade die Waldorf-Methode, aber ich bin nun einmal nicht in einer Waldorf-Welt aufgewachsen.

Allen Widrigkeiten zum Trotz begann ich kurz nach meiner Haftentlassung in meiner Freizeit kleinere Model-Jobs anzunehmen. Nichts Weltbewegendes, aus mir würde keine Naomi Campbell mehr werden, aber ich konnte meine eigene Campbell sein und mir mit Fotoshootings für Kataloge das ansonsten nicht vorhandene Taschengeld aufbessern. Außerdem lernte ich meinen ersten festen Freund kennen.

Aber wie immer, wenn mal etwas in geregelten Bahnen zu laufen schien, stellte das Leben mir gekonnt ein Bein. Mein Glück war für meine Mitbewohnerinnen zu viel des Guten. Sie hatten mich in Frieden gelassen, weil ich keine Bedrohung für ihre Position darstellte und weil sie keine Lust hatten, meinen Baseballschläger kennenzulernen. Nun aber wurden sie vom Neid gepackt. Warum sollte ausgerechnet ich einen Funken Freude erleben, wenn es den meisten von uns hundsmiserabel ging? Meine Antwort darauf war ganz einfach: Mir war bislang nicht viel Vergnügen beschieden und dieser kleine Fitzel folglich zu gönnen. Meine tragische Geschichte juckte niemanden, wir hatten es alle nicht leicht gehabt. Niemand landet im Heim, weil das Schicksal es so gut mit ihm meint. Das änderte nichts daran, dass ich für meine unverschämte Glückssträhne zahlen musste.

Ich saß beim Mittagessen, stocherte im lauwarmen Tiefkühlgemüse und erzählte zwei Freundinnen von meinem neuen

Model-Gig, als Laura es nicht mehr aushielt, ihr Messer nahm und es, ohne zu zögern, in mein Brustbein rammte. Für ungeübte Nahkämpfer wäre die Schlacht an dieser Stelle geschlagen gewesen, ich aber warf mich mit so viel Wut und Wucht über den Tisch und auf meine Angreiferin, dass es drei erwachsene Männer brauchte, um mich von ihrem Körper zu reißen. Die Narbe der Messerspitze trage ich noch heute auf dem Dekolleté, mittig zwischen den Schlüsselbeinen.

Und obwohl ich dieses Mal wirklich nur versuchte, meine eigene Haut zu retten, steckte man mich erneut in die Jugendstrafanstalt. Nicht weil ich versucht hatte, mich zu verteidigen, sondern weil ich einen derart unerwarteten Kraftakt und eine so geballte Aggression an den Tag gelegt hatte, dass man es für nötig hielt, mich eine Weile genauestens zu beobachten und die Welt vor mir zu beschützen. Ich sei eine Gefahr für mich selbst und andere, hieß es, und man wollte mir im geschützten Rahmen beibringen, mich zivilisiert zu verhalten. Wie man zivilisiert auf physische Gewalt reagiert, konnte mir auch während meiner zweiten Haftstrafe niemand vermitteln.

Als ich diesmal entlassen wurde, war ich beinahe achtzehn, und man erlaubte mir, außerhalb des Heims zu wohnen, obwohl ich noch nicht mündig war. In einer Art betreutem Wohnen kam ich endlich auf die Füße, weil ich nicht mehr von Verrückten umgeben war. Ich zog nach Salt Lake City, dann nach Santa Monica und verdingte mich bei Zeitarbeitsfirmen. Für einen kurzen Moment spielte ich mit dem Gedanken, Mormonin zu werden, aber ich hatte für ein Menschenalter genug religiöse Oppression erfahren. In den USA ging es mir nicht gut, egal, wohin ich ging, ob ich allein war oder nicht, mit oder ohne meine Familie. Es schien nie genug Luft zum Atmen zu geben, ständig rang ich nach Lebenswillen und Kraft, um weiterzumachen. Ich wollte weg, doch ich wusste nicht wohin. Bis sich mir eine einmalige Gelegenheit bot, die USA ein für alle Mal hinter mir zu lassen.

Deutscher Boden

Wir lernten uns, wie viele Paare heutzutage, im Internet kennen. 1999 war das noch ungewöhnlich. Ich war mittlerweile 25 Jahre alt, und die Möglichkeit, mit Menschen aus aller Welt in Kontakt zu treten, faszinierte mich. Aus dem Sektenleben auszubrechen war ein erster Schritt in eine größere, freiere Welt. Meine Umzüge nach Philadelphia, Salt Lake City und schließlich Kalifornien ermöglichten mir, Dinge zu erleben, die ich in meiner Kindheit nicht zu träumen gewagt hatte. Den technischen Fortschritt, mit einer globalen Gemeinschaft kommunizieren zu können, von Anfang an zu nutzen war eine logische Konsequenz. Meine Neugier und der tiefe Wunsch, Mauern und Grenzen einzureißen und zu übertreten, wurden beflügelt von den unendlichen Möglichkeiten der Vernetzung mit meiner entfernten Umwelt. Ich legte mir also schon sehr früh einen Internetzugang zu und war voller Hoffnung ob der Perspektiven, die sich mir dadurch eröffneten. Aufgrund meiner finanziellen Situation waren Fernreisen ein frommer Traum, aber im Chat konnte ich mit Menschen sprechen, die Ozeane entfernt von mir lebten.

Das piepsige Einwählrauschen hallte durch meine karge Wohnküche, während das rapsgelbe Männchen nach Kräften versuchte, über den Bildschirm zu flitzen. Chaträume waren ein Fenster in ferne Länder, und es bereitete mir tiefste Freude, mich mit meinen verstreuten virtuellen Freunden zu unterhalten. Mit Günther sprach ich am meisten. Er lebte weit weg von mir, in Deutschland, einem Land, mit dem ich mich noch nie länger befasst hatte. Mein gesamtes Wissen stammte aus der Schulzeit, und wirklich viel wurde amerikanischen Schülern nicht vermittelt. Zwar wusste ich ungefähr, wo Deutschland lag, und die Eckpunkte der jüngeren Geschichte waren Bestandteil des Unterrichts gewesen, aber diese Informationen gaben nicht gerade Anlass, sich tiefer gehend mit den Menschen dort zu beschäftigen.

Günther überraschte mich mit seiner Offenheit, seinem Charme und tatsächlich sogar damit, dass er kein Nazi war. Nicht dass ich wirklich geglaubt hätte, alle modernen Deutschen seien Nationalsozialisten, aber unterschwellig meldete sich ein unangenehmes Gefühl, wenn ich an Deutsche dachte. Günther zerstreute mein diffuses Unbehagen und meine Vorurteile, und ich ertappte mich dabei, Vorfreude zu verspüren, wenn ich mich einwählte, um zu chatten, und stellte überrascht fest, dass ich in der Anwesenheitsliste zuerst seinen Usernamen suchte.

Wochen und Monate gingen ins Land, während aus unseren zarten Banden eine immer festere Verbindung wurde. Wir telefonierten immer häufiger, obwohl es ein kleines Vermögen kostete. Und schließlich überraschte er mich mit einem Vorschlag, der meine Welt ordentlich umkrempeln sollte.

»Was würdest du dazu sagen, wenn ich dich besuchen komme?«, fragte er eines Tages, und ich verschluckte mich vor Aufregung an meinem Pfefferminztee.

»Scheiße«, fluchte ich, als das heiße Wasser über meine Hand schwappte und in den Stoff meiner Couch sickerte. Günther schwieg, vermutlich, weil das nicht die Reaktion war, die er sich erhofft hatte. Umso überraschter war er wohl, als ich antwortete: »Ich würde mich sehr freuen!«

»Wirklich?«, fragte er. »Ich wollte schon immer mal nach Kalifornien, schon als kleiner Junge, und endlich habe ich einen richtig guten Grund, mein Vorhaben in die Tat umzusetzen.«

Mir schmeichelte, dass er in Erwägung zog, für mich in diese wilde Hölle zu reisen, und ich musste mir immer wieder in Erinnerung rufen, dass er wahrscheinlich gar keine Vorstellung davon hatte, wie schlecht es sich in den USA lebte. Noch hielt ich meine Vorfreude im Zaum. Vielleicht würde er es sich anders überlegen, der Flug wäre zu teuer, oder die Einreise würde ihm verweigert. So wirklich glauben konnte ich mein Glück erst, als ich sein strahlendes Gesicht in der Menge der Ankömmlinge am Flughafen LAX in Los Angeles entdeckte. Er war ein gut aussehender Kerl, natürlich weiß wie ein Gespenst, aber das interessierte mich überhaupt nicht.

»Du bist tatsächlich gekommen!«, murmelte ich in seinen Hals, als er mich in die Arme schloss, und es dauerte keine vierundzwanzig Stunden, da wussten wir, dass wir ein Paar sein würden, trotz aller Unwegsamkeiten, die diese Entscheidung mit sich bringen würde. Die gemeinsame Zeit war wie ein Wirbelwind aus Erlebnissen und Eindrücken, und ich tat mein Bestes, Günther die Sehenswürdigkeiten, das Getty Museum, das Chinese Theatre, Venice Beach, die Hollywood Hills und den viel gepriesenen und besungenen American Way of Life zu zeigen, obwohl ich von dem angeblichen Zauber dieses Ortes nie berührt worden war. Wir verliebten uns nicht nur ineinander, sondern vor allem auch in die Idee eines neuen, besseren Lebens an einem neuen, besseren Ort. Ich malte mir aus, einfach meine Siebensachen zu packen, in einen Flieger zu steigen und ins Ungewisse aufzubrechen. Darin hatte ich mittlerweile reichlich Erfahrung sammeln dürfen.

Eine Fernbeziehung kam auf Dauer nicht infrage, da waren wir uns einig. Ich musste Günther beibringen, dass ich mir nichts Schöneres vorstellen konnte, als dieses Land der unbegrenzten Möglichkeiten weit hinter mir zu lassen. Der Pazifik erschien mir gerade einmal als eine winzige Pfütze zwischen den USA und Europa, lieber noch hätte ich mehr Distanz zwischen meine Heimat und mich gebracht, aber vorerst sollten sechstausend Kilometer genügen. Vielleicht würde York mir ja eines Tages seinen Kometen leihen, mit dem ich dann in ferne Galaxien reisen konnte. Man wird ja noch träumen dürfen.

»Ich will nach Deutschland kommen«, eröffnete ich Günther geradeheraus, und ihm war unbegreiflich, wie ich das gelobte Land verlassen könne. »Ich habe hier kein gutes Leben gehabt«, erklärte ich vage, »für mich sind die Vereinigten Staaten kein hehres Ideal, sie sind brutale Realität, und ich kann sagen, dass es keine Realität ist, die ich empfehlen würde.« Für mich war das das Ende der Diskussion. Ich würde zu Günther nach Deutschland gehen, die Sprache lernen, einen Job und Freunde finden und die Geister der Vergangenheit hinter mir lassen. Ich stellte mir einen richtigen Neuanfang vor, dort, wo mich niemand kannte, wo meine Geschichte neu geschrieben und ich endlich die Frau werden würde, zu der ich mich bestimmt fühlte.

Ich verspürte keine Wehmut und keine Trauer, als ich meine Habseligkeiten in einen Koffer stopfte, und ich drehte mich nicht um, als ich das Flughafengebäude betrat. Beim Anblick der winzigen Felder, Straßenzüge und Hochhäuser aus der Luft überkam mich nichts als Erleichterung, all das hinter mir lassen zu dürfen. Ich wusste nach wie vor wenig über mein neues Zuhause und würde auswandern, ohne die Bundesrepublik je vorher bereist zu haben. Ich hatte die USA noch nie verlassen. Aber schlimmer als hier würde es sicher nicht werden.

Ich hatte einige wilde Vorstellungen, was den Lebensstandard in Deutschland betraf. Dass ich dennoch willens war, in dieses Land auszuwandern, zeigt, wie groß mein Verlangen war, die USA zu verlassen. Ich hatte ja bereits viel mit Günther gesprochen, ich wusste, dass er zum Beispiel Internet hatte, und in seinem Koffer hatten sich T-Shirts und Jeans befunden; trotzdem war ich der Überzeugung, dass Europa in einer Art Mittelalter stecken geblieben war. Als Amerikanerin lernte man, dass wir die Besten sind. Sogar wenn man so aufwuchs wie ich. Bei meiner Ausreise zahlte ich mühsam gesparte dreihundert Dollar für Übergepäck, weil ich befürchtete, existenzielle Gebrauchsgüter missen zu müssen.

Als ich in Frankfurt die Ankunftshalle betrat, schaute ich als Erstes nach fremdsprachigen Schildern, um mich zu vergewissern, dass wir nicht in der Luft umgekehrt und zurück in die USA geflogen waren. Günther wartete mit einem Strauß Blumen in einem Meer von Menschen, die ebenfalls gekommen waren, um ihre Lieben in Empfang zu nehmen. Sie sahen alle vollkommen normal aus, nicht, als schufteten sie tagein, tagaus auf dem Acker, und wohlgenährt waren sie offenbar auch. Ich hatte insgeheim angenommen, Günther müsse für hiesige Verhältnisse wohlhabend sein, weil er so amerikanisch aussah. Nun stellte ich fest, dass alle hier amerikanisch aussahen – bloß ein bisschen schlanker. Schwitzend manövrierte ich mein schweres Gepäck durch die Menge.

»Was hast du denn alles mitgebracht?«, fragte Günther staunend, als er mir meine vollgestopften Taschen abnahm.

»Ich bin eine Frau, ich habe Kleidung und Schuhe und Perücken«, erklärte ich und wechselte das Thema, bevor er nachhaken konnte. In meinem neuen Zuhause angekommen entschuldigte ich mich mit den Worten, mich nach dem langen Flug frisch machen zu wollen, und ließ das Toilettenpapier und das Saatgut aus meinem Gepäck verschwinden. In einem Land, in dem es ganz offensichtlich befahrbare Autobahnen und Vorgärten gab, waren sicher auch die Supermärkte besser bestückt, als ich vor meiner Ankunft vermutet hatte.

Darauf, dass ich Heimweh empfinden würde, war ich allerdings nicht vorbereitet. Das Gefühl, deplatziert und anders als die anderen zu sein, war mir immerhin aus Kindertagen bekannt. Auch das Problem, mich nicht verständigen zu können, war nicht neu. Im Grunde glich die Erfahrung meinen Anfängen in der Schule. Ich konnte zwar Buchstaben entziffern, aber wenn ich las, ergab nichts Sinn. Mir war vollkommen unverständlich, dass es Menschen geben sollte, denen Buchstabenansammlungen wie Kraftfahrzeug-Haftpflichtversicherung oder Finanzdienstleistungsunternehmen nicht wahnsinnig komisch vorkamen. Um mich herum klangen alle ständig, als befänden sie sich in einem angeregten Streitgespräch, und mir war schleierhaft, wieso Deutsche zwanghaft jede Mahlzeit mit Käse oder Sahne zubereiten. Ohne Laktose-Tabletten wäre ich so aufgebläht gewesen, dass Günther mich an einer Schnur als Luftballon hätte herumführen müssen.

Apfelschorle und Malzbier versöhnten mich allerdings mit der deutschen Küche. Mir blieb jedoch immer ein Rätsel, wie das Land großer Dichter und Denker so viele verwirrende Oxymora hervorbringen konnte: »alter Knabe«, »heute Morgen«, »Gefrierbrand« oder »Doppelhaushälfte«. Manches Mal beschlich mich der Verdacht, man wolle es Zuwanderern möglichst schwer machen.

Kurz nach meiner Ankunft machte Günther mir einen Antrag. Er fand, es gehöre sich zu heiraten, nun, da ich für ihn um den halben Globus gezogen war, und ich fühlte mich wie eine Prinzessin in Grimms Märchen. Der Prinz war vielleicht ein wenig steifer und deutscher, als ich ihn mir als kleines Mädchen ausgemalt hatte, aber er war mein Prinz, und er war gutmütig, warmherzig und stattlich. Ich war vermutlich auch nicht die Frau, von der er als Teenager geträumt hatte. Allein deshalb schon, weil ich nicht wie die anderen war.

In der kleinen Stadt im Westen Deutschlands gab es keine anderen schwarzen Frauen, und meine Ankunft wurde mit Misstrauen registriert. Vor dem Unbekannten haben die Menschen bekanntermaßen am meisten Angst, und eine Ausländerin mit dunkler Haut, die kaum ein Wort Deutsch sprach, war nicht gerade das, worauf die Leute gewartet hatten. Meist hellten sich die Mienen auf, wenn sie feststellten, dass ich Amerikanerin war – aber nicht immer. Offene Anfeindungen gab es kaum, und ich war ja schließlich geübt darin, mit Ausgrenzung und Ignoranz umzugehen. Dennoch schmerzte mich die Kälte, mit der ich empfangen wurde.

Die ersten Monate unserer Ehe waren recht harmonisch. Wir waren ein gutes Paar, obwohl oder gerade weil wir so unterschiedlich waren, und Günther schätzte mein Naturell, meine Fröhlichkeit und meine Bereitschaft, hart zu arbeiten. Im Gegenzug genoss ich die Sicherheit und Stabilität und, allem voran, die Zärtlichkeit, die ich von Männern so selten zu spüren bekommen hatte. Alles in allem lebten wir genügsam und ruhig, bis ich mit großen Neuigkeiten zu ihm kam und seine Reaktion mich traf wie ein unerwarteter rechter Haken.

Ich hatte es gerade selbst erst gemerkt und war außer mit vor Freude. Günther war arbeiten, und ich verbrachte den ganzen Tag damit, mir auszumalen, wie glücklich er wäre, wenn ich ihm am Abend erzählte, dass wir bald zu dritt wären. Stundenlang bereitete ich alles vor, kochte und putzte, kaufte Blumen und zündete Kerzen an. Sogar an alkoholfreien Sekt hatte ich gedacht und versteckte die Flasche ganz hinten im Kühlschrank, damit Günther den Braten nicht roch, bevor ich dazu gekommen wäre, es ihm zu sagen. Natürlich lag die Vermutung nahe, sobald er die geschmückte Wohnung und das Festmahl erblicken würde, aber er sollte es unbedingt aus meinem Mund erfahren und nicht von einem » Alkoholfrei «-Etikett.

Als Günther endlich nach Hause kam, schlug mir das Herz bis zum Hals. Strahlend überbrachte ich die gute Nachricht. Aber Günther strahlte nicht zurück. Er leuchtete nicht einmal verhalten. Es kam alles ganz anders, als ich es mir ausgemalt hatte. Denn Günther wollte kein Kind. Und ich musste eine Entscheidung treffen.

Es fiel mir schwer, genau wie meiner Mutter keine dreißig Jahre zuvor. Ich zog allerdings andere Schlüsse. Was sollte ich auch tun, mutterseelenallein in einem Land, in dem ich wie eine Aussätzige behandelt wurde? Wie hätte ich ein Kind in diese Welt bringen können, ein kleines Wesen, das von seinem Vater vielleicht geliebt, aber nie gewollt gewesen wäre? Kinder spüren das. Kinder wissen, wenn sie nicht erwünscht sind.

Also entschied ich, Günthers Wunsch Folge zu leisten, um wenigstens meine Ehe zu retten. Das war naiv, wie ich später feststellte. Unsere Beziehung hatte Schlagseite, wir waren uns nicht mehr so nah wie zuvor, fühlten uns womöglich beide betrogen und nicht gesehen, enttäuscht und unverstanden. Unsere Trennung verlief schließlich im beiderseitigen Einverständnis, kein böses Blut, keine unüberlegten Worte. Sie war kühl und überlegt, wir betrauerten den Verlust und wussten doch, dass wir uns schon längst verloren hatten.

» Ich hoffe, du findest, was du suchst «, wünschte Günther mir zum Abschied, und ich nickte bloß, wohl wissend, dass meine Chance verschwindend gering war, auch weil ich gar nicht wusste, was das überhaupt sein sollte.

Eines war mir klar, vom ersten Moment an: Ich würde nicht in die USA zurückgehen. Abgesehen davon, dass in Amerika absolut nichts und niemand auf mich wartete, sollte ich verdammt sein, wenn ich vollkommen grundlos Deutsch gelernt hatte. Nun, da ich endlich in der Lage war, mich einigermaßen verständlich zu machen, würde ich meinen Fortschritt nicht aufs Spiel setzen. Das Leben ist einfach zu kurz, um mühsam Deutsch zu lernen und es dann nicht tagtäglich zu benutzen.

Mir blieb also nur, eine eigene Wohnung zu finden, und dafür war es unabdingbar, in Lohn und Brot zu stehen. Kein einfaches Unterfangen für eine Ausländerin ohne nennenswerte Ausbildung, aber wer in einer Gesellschaft leben will, hat sich anzustrengen und anzupassen, so gut es eben geht.

Ich entschied, in der Gegend zu bleiben, einfach deshalb, weil ich keine andere Gegend kannte. Mir wäre es nicht in den Sinn gekommen, nach Bayern oder Hamburg umzuziehen, nun, da die Menschen in meinem Umfeld sich langsam an meinen Anblick und meine Anwesenheit gewöhnt hatten. Ich inserierte in Zeitungen, durchforstete Anzeigen und fragte Freunde und Bekannte, ob sie von jemandem wussten, der eine fleißige Auszubildende suchte.

Tatsächlich hatte eine Frau aus dem Fitnessstudio von einem Landgasthof gehört, der händeringend gutes Personal benötigte. Kurz entschlossen machte ich mich auf den Weg dorthin, um mich persönlich vorzustellen, und so begann mir nichts, dir nichts und ganz unverhofft ein neues Kapitel.

Das Ehepaar Schröder führte den Gasthof als Familienunternehmen, und zu meinem großen Glück erkannten sie, dass eine Frau mit meinem Naturell ein Gewinn für die Gastronomie wäre.

»Ich hoffe, Ihre Fröhlichkeit steckt die Gäste an! Und ich hoffe, Ihr Elan geht auf die Kollegen über«, sagte Frau Schröder augenzwinkernd, als sie mir den Arbeitsvertrag vorlegte. Tatsächlich fiel mir die Arbeit leicht, und ich lernte schnell, obwohl ich keine nennenswerte Erfahrung in der Branche hatte. Bald scherzte ich mit den Stammgästen und zog neue an Land, mein Deutsch wurde mit jedem Tag besser, und meine beiden Chefs waren zauberhafte Menschen, obwohl sie schon ältere Semester waren. Besonders Deutsche jenseits der fünfzig, die den Zweiten Weltkrieg noch erlebt hatten oder kurz danach geboren worden waren, beäugten mich argwöhnisch, aber die Schröders waren erfrischend vorurteilsfrei. Wenn mir ein Kunde dumm kam, sprang Frau Schröder für mich in die Bresche, als wäre ich ein Mitglied der Familie.

Trotzdem kam der Augenblick, da ich den wohligen Schoß verlassen und mich wieder ins Ungewisse begeben musste. Der Gasthof lief nicht mehr so wie früher, und es war nicht wirtschaftlich, mich weiterhin zu beschäftigen. Ich nahm es den Schröders nicht krumm. Dafür war auch keine Zeit. Ich musste schnell eine neue Beschäftigung finden, wenn ich nicht in die Bredouille kommen wollte, meine Miete schuldig zu sein.

Es folgten diverse berufliche Stationen an verschiedenen Orten. Ich wurde Fitnesstrainerin, Masseurin, und ich absolvierte sogar eine Ausbildung zur Hufschmiedin. Aber nirgendwo hielt es mich lange. Unstet zog ich von Job zu Job und

von Ort zu Ort, bis ich freiberuflich anfing, Clubs zu promo-
ten. Dafür zog ich in eine größere Stadt: nach Hannover.
Noch wusste ich nicht, dass die niedersächsische Hauptstadt
der letzte Pit-Stop würde, bevor ich endlich meine Heimat
finden sollte. Eigentlich war es, wie so ziemlich alle bedeuten-
den Ereignisse in meinem Leben, reiner Zufall.

Berlin, ick liebe dir

Schwarze gehören in Deutschland, insbesondere in ländlicheren Gegenden oder kleineren Städten, weder zum Stadtbild noch zum Alltag. Wir kommen nicht vor. Die Kleinstadt, die Vorstadt, ja, sogar mittelgroße Städte sind weißer als Countrymusik-Charts und Trump-Rallyes. Das hat natürlich historische Gründe, aber für mich ist es manchmal ein Hindernis. Abgesehen davon, dass man sich hin und wieder recht allein fühlt, zum Fetisch erhoben oder dämonisiert wird, gibt es auch ganz alltägliche Probleme. Zum Beispiel sind die allermeisten weißen Friseure nicht in der Lage, mit meinen Haaren klarzukommen. Krauses Haar funktioniert anders, es muss anders geschnitten, frisiert und behandelt werden. Man kann den Coiffeuren bei » Haarmonie «, » Haargenau « und » Hairlich « nicht einmal einen Vorwurf machen, außer der Namen wegen natürlich. Mir ist es unbegreiflich, warum deutsche Friseure ihren Studios so dämliche Namen geben.

Dafür, dass der Umgang mit krausem Haar nicht zu ihrer Ausbildung gehört, können sie hingegen nichts. Die Klientel ist einfach nicht groß genug. Auch in den USA ist es nicht unbedingt üblich, dass ein weißer Friseur Ahnung von schwarzen Haaren hat. Darum gibt es hier wie dort Afroshops, Läden, die sich auf afrikanische Haarpracht spezialisiert haben. Dort arbeiten Fachleute, die richtigen Produkte sind vorhanden, und es endet nicht damit, dass ich mir die Haare selber machen muss. In Deutschland sind diese Geschäfte rar gesät, und das Internet bot bei der Recherche keine nennenswerte Hilfe, obwohl es damals nicht mehr ganz in den Kinderschuhen steckte. Deshalb freute ich mich, als ich eines Abends in einer Hannoveraner Disco eine junge schwarze Frau bei der Arbeit kennenlernte, die wunderschöne Box Braids trug.

»Wo hast du die machen lassen?«, fragte ich über die ohrenbetäubende Musik hinweg und zeigte zur visuellen Unterstützung auf ihren Kopf, den sie unmittelbar zu schütteln begann.

»In Hannover kannst du das knicken«, rief sie über den bebenden Bass, »dafür musst du nach Berlin.«

Für eine Deutsche ist das eine Weltreise, das sah man an ihrem entschuldigenden Blick und auch an der Reaktion meiner Kollegen, als ich fragte, wie weit Berlin von hier entfernt sei.

»Oha, du, das sind schon so drei Stunden auf der A2 Richtung Osten.« Drei Stunden braucht man locker, wenn man von Brooklyn bis zum äußersten Rand von Long Island fahren möchte. Und da hat man, genau genommen, noch nicht einmal New York verlassen. Eine dreistündige Reise ist für Amerikaner eine derart lachhaft geringe Entfernung, dass wir sie für praktisch alles in Kauf nehmen würden, erst recht für eine Dienstleistung, die im näheren Umkreis nicht zu haben ist. Bei an unterschiedlichen Orten lebenden Paaren würde man eine derartige Distanz nicht einmal als Fernbeziehung bezeichnen, es ist eine gesunde Entfernung, würde ich als New Yorkerin sagen. Alles andere wird schnell zu intim.

Zusammen mit zwei Freunden setzte ich mich am darauffolgenden Tag in einen bescheidenen Opel und tuckerte über die Autobahn, um mir die Haare flechten zu lassen. Mir wurde an diesem Tag vor allem bewusst, wie viele Felder es gibt in Niedersachsen, Sachsen-Anhalt und Brandenburg. Ich ertappte mich bei dem Gedanken, dass mein gesammeltes Saatgut hier sicher gut zum Einsatz hätte kommen können, hätte Günther zufällig in diesem Landstrich gelebt. Der Dritte Weltkrieg hätte während unserer Autofahrt ausbrechen können, wir hätten es nicht bemerkt, weil wir kaum einer Menschenseele begegneten und nur sehr spärlich in den Genuss kamen, einen Blick auf eine Stadt oder ein Dorf zu erhaschen. Abgesehen von anderen Fahrzeugen, meist mit missmutig dreinschauenden Familienvätern hinterm Steuer, die Baseballmütze tief über die windschnittige Sonnenbrille gezogen, sahen wir außer einer Menge glücklicher Kühe kaum jemanden.

Wir passierten die Grenze Brandenburg–Berlin in Zehlendorf, an dem Autobahnkreuz, an dem damals noch die Raststätte Dreilinden stand. Der erste Eindruck war nicht unbedingt mit der atemberaubenden Skyline Manhattans vergleichbar oder dem Glücksgefühl, das Menschen befällt, wenn sie zum ersten Mal nach Kalifornien kommen – der erste Eindruck erschöpfte sich in einem trostlosen, flamingoroten Betongebäude und viel Wald. Trotzdem verspürte ich ein prophetisches Kribbeln im Bauch, sobald wir das Ortsschild im

Rücken hatten. Berlin wirkte, wenigstens in den ersten Minuten, hässlich und erinnerte an eine Geisterstadt, von aller Welt vergessen und der Natur zurückerobert wie Tschernobyl. Erst als wir uns den zentraleren Straßen näherten, schlug mein Herz schneller, und als wir schließlich die Straße des 17. Juni passierten und die Goldelse auf der Siegessäule mit der Sonne um die Wette funkelte, hätte ich vor Freude beinahe angefangen zu heulen. Weder damals noch heute konnte ich genau sagen, was mich an diesem dreckigen grauen und bautechnisch maximal mittelprächtigen Ort so faszinierte, aber ich spürte, dass ich zu Hause war. Nach all den Stationen meines Lebens fühlte ich mich ausgerechnet hier endlich zu Hause, ohne den Fuß überhaupt aus der Autotür gesetzt zu haben.

»Du bist so still geworden, Tamika, alles okay?«, fragte mein guter Freund Micha besorgt. Mein Umfeld war es nicht gewohnt, dass ich schwieg. Ich schweige gern und oft, um in mir selbst nach Wahrheiten und Frieden zu suchen, aber normalerweise bin ich in diesen Momenten allein.

»Ich habe mich verliebt«, gab ich ohne Umschweife zu.

»In Berlin?«, fragte Micha und sah mich belustigt an.

»Ja«, gestand ich.

»Hätte ich mir denken können«, sagte Micha schließlich. Ein Grinsen schaufelte Grübchen in seinen Dreitagebart. »Ihr seid euch relativ ähnlich.«

Berlin und ich wurden beide brutal zerstört und mühsam wieder aufgebaut. Das konnte Micha nicht wissen. Ich erzähle den Leuten selten meine Geschichte. Sie macht ihnen Angst. Nein, Micha meinte andere Parallelen. Wir sind beide unprätentiös und lebendig auf eine Art, die den meisten Menschen zuerst ungewöhnlich erscheint. In unseren Adern fließen Energie und Tatendrang. Wir heißen alle Menschen willkommen, aber wir zeigen ihnen auch Grenzen auf, wenn sie uns krumm kommen. Ich glaube, ich liebe Berlin, weil die Stadt ein Spiegel meiner Seele ist.

Statt wie geplant noch am selben Abend wieder nach Hannover zu fahren, blieb ich drei Tage. Mein gelobtes Land so kurz nach seiner Entdeckung wieder zu verlassen, hätte sich wie Betrug angefühlt. Tagsüber schlenderte ich durch die verschiedenen Bezirke, besuchte kunterbunte Cafés und großartige Geschäfte. Ich genoss den Anblick ganz unterschiedlicher Menschen aus aller Herren Länder und lauschte einem Dutzend Sprachen, die aus Wohnzimmerfenstern und Straßenschluchten auf mich eindrangen. Alte Frauen klopften Teppiche auf dem Balkon aus, Kinder mit aufgeschürften Knien spurteten durch enge Gassen. So stellen sich Deutsche New York City vor, schoss es mir durch den Kopf. Und an guten Tagen ist es dort auch genau so. Aber die meisten Tage sind nun einmal nicht gut, und im betongrauen und menschenbunten Berlin ist es an diesen Tagen erträglicher.

Ich schritt an den Überresten der Berliner Mauer entlang und ließ mir erklären, was fünfzehn Jahre zuvor noch Realität gewesen war. Am Brandenburger Tor versuchte ich mir vorzustellen, wie elektrisierte DDR-Bürger mit Hammer und Meißel buchstäblich die Grenze einrissen, und war gerührt wie lange nicht mehr. Auf dem Kurfürstendamm betrachtete ich etliche Schaufenster und malte mir aus, wie ich eines Tages voller Einkaufstaschen über die Straße flanierte. In

Schöneberg servierte mir ein adretter schwuler Kellner einen hervorragenden Apfelkuchen, und in Neukölln verkaufte mir eine Frau mit Kopftuch und breitem Grinsen frisch gepressten Orangensaft. Auf der Kronprinzenbrücke betrachtete ich das Spiegelbild der Wolken auf der von Touristenbooten befahrenen Spree, und auf dem Alexanderplatz beobachtete ich eine Handvoll Jugendlicher, die mutig Fahrradtricks probten.

Abends zogen wir von Kneipe zu Kneipe und von Club zu Club, wir tanzten, bis uns die Beine schmerzten, und lachten, bis wir Halsweh bekamen. Die Leute tanzten ausgelassen, und sie trugen wilde Kleidung, die sich jeglicher Konvention entzog. Sie gehörten sämtlichen Gehaltsklassen und Altersschichten an. In einer Disco tanzte ein Mann, der gut neunzig war, quietschfidel zu experimentellem Techno. Der Barmann begrüßte ihn wie einen alten Freund und reichte ihm eine Flasche kaltes stilles Wasser über den Tresen. Niemand sah ihn schräg an, ganz im Gegenteil – die meisten Clubgänger waren komplett unbeeindruckt von diesem Anblick, die wenigen, die sich die Hälse verrenkten, lächelten freundlich. So stellte ich mir mein Leben in vierzig Jahren vor, so wollte ich altern. Dafür war ich nun offenbar am richtigen Platz. Als wäre ich nicht ohnehin davon überzeugt gewesen, mein zu Hause entdeckt zu haben, ging praktisch jeder, den ich traf, davon aus, ich sei Berlinerin.

»Ich wohne in Hannover«, brüllte ich ins Ohr eines schönen Kerls, der heftig mit mir flirtete. Sein T-Shirt war lässig halb in die Hose gesteckt, und er trug klobige schwarze Stiefel und einen einzelnen goldenen Ohrring. Sein entwaffnendes Lächeln ließ mich darüber hinwegsehen.

»In Hannover?«, schrie er verwirrt, als wäre er nicht sicher, mich richtig verstanden zu haben.

»Hannover!!!«, bestätigte ich lachend.

»Was suchst du denn in Hannover? Du gehörst nach Berlin!«

»Ich weiß«, antwortete ich, »ich habe auch nicht vor, wieder wegzugehen.«

Die dritte Nacht war im Begriff zu enden, und der dritte Morgen brach an. Ich hockte auf einer Bank auf einem Dach in Kreuzberg und betrachtete die Häuser neben und unter mir. Vereinzelt torkelten Leute durch die Straßen, manche allein, manche zu zweit, andere in Gruppen. Auf einem Balkon schräg unter mir hing Wäsche und zappelte ganz sanft im Wind. Eine dreifarbige Katze jagte etwas, vermutlich eine Maus, schlitterte über Schindeln zu einer Dachrinne hinab und hüpfte elegant zum Nachbarhaus hinüber. Aus einem BMW an einer roten Ampel dröhnte Heavy-Metal-Musik. Eine Bäckereiverkäuferin öffnete die gläserne Tür und platzierte ein Werbeschild für Schrippen auf dem Gehweg.

Micha tauchte hinter mir auf, vom Tanzen ganz verschwitzt und kurzatmig. Er legte fürsorglich eine Hand auf meine Schulter und presste eine Sekunde zu, als wollte er mir Mut zusprechen.

»Du willst hier nicht weg«, sagte er. Es war keine Frage. Ich nickte dennoch.

Micha war ein guter Freund geworden. Wir kannten uns noch nicht lange, erst seit ich nach Hannover gekommen war. Obwohl wir grundverschieden waren, verstand Micha mich sehr gut. Ich war dankbar, dass jemand willens war, mit mir über meine verzwickte Situation zu sprechen.

»Was ist mit Jan?«, fragte er und strich eine Strähne erdbeerblondes Haar hinter sein Ohr. Das hatte ich erwartet, aber auch befürchtet. Die vergangenen achtundsechzig Stunden hatte ich nach Kräften versucht, nicht an Jan zu denken. Das war ihm gegenüber nicht fair und mir selbst gegenüber nicht ehrlich, denn ich wusste, dass meine Entscheidung auch ihn betraf, dass ich es ihm irgendwie würde erklären müssen.

Jan und ich waren ein Paar, einige Monate schon. Wir hatten uns in der überschaubaren Hannoveraner Discoszene kennengelernt und Gefallen aneinander gefunden. Es war keine große Liebe, wenigstens für mich nicht. Ich mochte Jan, natürlich. Er war ein gerader Kerl, lieb und witzig, aber er ließ meinen Bauch nicht Kopf stehen. Insgeheim fürchtete ich, dass er sich aufrichtig in mich verliebt hatte und ich ihm das Herz brechen müsste. Ich hatte mich auch verliebt, würde ich gestehen müssen, in eine wunderbare Stadt, und ich würde keine einzige Nacht mehr in Hannover verbringen. Ich beantwortete Michas Frage mit einem Schulterzucken. Er seufzte, setzte sich neben mich auf die morsche alte Bank, und gemeinsam sahen wir Berlin beim Aufwachen zu.

»Du tust was?«, fragte Jan verdutzt. Ich presste das Telefon etwas fester ans Ohr, als könnte er es zum Trost spüren. Ich hatte kaum geschlafen und war dennoch ganz klar im Kopf. Noch nie war ich mir meiner Sache so sicher gewesen. Trotzdem lief ich in meinem Hotelzimmer auf und ab und vergrub die freie Hand in meinen Locken. Meine Schläfen pochten, weil ich natürlich wusste, dass diese Unterhaltung kein Zuckerschlecken würde. Erschöpft plumpste ich auf das fast unangetastete Bett und strich die putzweiße Bettwäsche mit den Fingern glatt.

»Ich komme heute noch nach Hause, packe meine Sachen und fahre wieder nach Berlin«, wiederholte ich geduldig und schloss die Augen.

»Deine Sachen?«, fragte Jan entgeistert.

»Ich ziehe nach Berlin.«

»Du ... du – was? Wie? Du hast doch keine Wohnung. Du hast da gar nichts.«

»Ich habe hier ein nettes Mädel getroffen, bei der ich eine Weile unterkommen kann.«

»Du willst nach Berlin ziehen«, stieß es nun aus Jan hervor, »ohne das mit mir zu besprechen? Das kann doch nicht dein Ernst sein! Du bist verrückt.« Allmählich redete er sich regelrecht in Rage. »Ein erwachsener Mensch hat Verantwortungsgefühl, man kann nicht einfach von jetzt auf gleich seine Koffer packen und ins Ungewisse ziehen, das ist kindisch, das ist wahnsinnig!«

»Ich muss überhaupt nichts mit dir besprechen«, giftete ich zurück, gereizt, weil er mich wie sein Eigentum behandelte und mit mir sprach wie mit einer Dreijährigen. »Wir sind nicht verheiratet, Jan. Wir haben uns gerade erst kennengelernt. Werd' selber erwachsen.«

Jan lachte hämisch. »Toller Tipp von einer Frau, die Hals über Kopf die Stadt verlässt, weil sie auf einer guten Party war. Berlin ist keine endlose Party, das kann ich dir versprechen.

Da musst du auch malochen, um Geld für die Miete zu haben. «

Du bist so deutsch, Jan, dachte ich, aber ich sagte nichts. Es machte mich wütend und traurig zugleich, dieses Unvermögen zuzulassen, dass jemand etwas nur aus dem Bauch heraus tat, wissend, dass es sich richtig anfühlte und klappen würde, wenn man sich nur bemühte.

» Es tut mir leid, Jan. Es sollte nicht sein. Ich muss das jetzt für mich machen. Dieses eine Mal muss ich etwas einfach nur für mich tun «, erklärte ich sanfter. Als Antwort erhielt ich das monotone Tuten des Telefons.

In mehrerlei Hinsicht war der Umzug nach Berlin mein letzter Befreiungsschlag. Ich war das erste Mal an einem Ort, nur weil ich ihn ausgesucht hatte. Nicht wegen eines Mannes, eines Jobs, meiner Familie, einfach nur, weil es mir dort gefiel. Ich zog für niemanden um, nur für mein Seelenheil. Ich war vollkommen auf mich gestellt, kannte nur eine Handvoll Leute, hatte keine Arbeit, keine Wohnung, kein gar nichts. Trotzdem war ich ganz unbesorgt, zu Recht, wie sich später herausstellen sollte. Schon vor den Tiraden meines frischgebackenen Ex-Freundes war mir klar gewesen, dass all diese Dinge wesentliche Bestandteile eines funktionalen Lebens waren, aber ich hatte mich schon in schwereren Situationen und mit weniger Lebenserfahrung zurechtgefunden. Ich fand eine nette kleine Wohnung in Westberlin, einen Ausbildungsplatz als Visagistin und verdiente genug für meinen bescheidenen Lebensstil. Es fühlte sich gut an, meinen Namen auf der Türklingel zu sehen. Nur meinen, ganz ohne Mann. Einfach Campbell. Alles rüttelte sich zurecht, als wäre Berlin mein Schicksal. Und dann bescherte mir die Stadt ganz unverhofft die beiden wichtigsten Inhalte meines Lebens: erst meine Tochter, dann die Comedy.

Mama Tamika

Hormonelle Verhütungsmethoden waren in der Sekte untersagt. Die Frauen waren schließlich dafür da, Kinder zu bekommen. Gebärmaschinen bei ihrer Arbeit zu behindern
wäre gegen die Interessen des Imam gewesen. Dem Schicksal
sei Dank war ich nie zum Vaginalverkehr gezwungen worden
und nie von einem meiner Peiniger in der Community
schwanger. Da ich hinsichtlich sicherer Verhütungsmethoden
komplett ahnungslos war, hatte ich mit meinem ersten Freund
während meiner Zeit im Heim ohne Kondom geschlafen und
war prompt schwanger geworden. Der werdende Vater lebte
in einer Wohnwagensiedlung. Nicht die rosigsten Zukunfts-
aussichten. Mir war klar, dass ich das Kind auf gar keinen Fall
würde bekommen können. Zum einen war ich erst 16 Jahre alt
und selbst noch ein Kind, auch wenn ich mir wahnsinnig
erwachsen vorkam; zum anderen war ein Heim kein Ort, wo
man ein Baby aufziehen wollte. Und drittens hieß der Typ
Stacey. Auf gar keinen Fall wollte ich irgendwann sagen müssen: »Und das ist der Vater, Stacey.«

Also informierte ich mich, ging in eine Klinik und ließ
den blaubeergroßen Embryo aus meinem Uterus saugen. Die

ganze Prozedur war furchtbar und sehr unpersönlich. Niemand nahm mich an die Hand, raunte mir zu, dass alles gut werden würde. Ich hatte keine Mutter, die mir beistand. Wie eine Waise lag ich auf dem Behandlungsstuhl, das Anästhetikum träufelte durch einen Plastikschlauch in meine Vene, ein Patientenhemd bedeckte meinen Oberkörper, meine Beine waren gespreizt. Ich versuchte mit aller Kraft nicht darüber nachzudenken, was gerade vor sich ging, stellte mir vor, es wäre ein anderer Eingriff, irgendetwas, was sich nicht so grässlich anfühlte.

»Zähl bis zehn!«, wies mich die Schwester an.

»Ich glaube, das Zeug wirkt nicht«, bemerkte ich, mit dem Kopf in Richtung des venösen Zugangs in meinem Handrücken nickend. Ich war eingeschlafen, noch bevor ich bei fünf angelangt war, und wachte ohne den Embryo wieder auf.

Verantwortung heißt nicht, Kinder in die Welt zu setzen, die niemand will. Es bedeutet, die richtige Entscheidung zu treffen, egal wie schwer sie einem fallen mag. Damals war es die richtige Entscheidung. Wer weiß, vielleicht hätte Stacey mich sogar geheiratet und versucht, die Familie zu ernähren. Vermutlich wäre der Versuch gescheitert. Die Sterne standen nicht gut für uns drei. Wahrscheinlich säße ich als alleinerziehende Mutter in der ärmsten Großstadt der Vereinigten Staaten auf der Straße. Das ist kein Leben für ein Kind. Kein Leben für mich. Und Stacey hat es hoffentlich auch besser getroffen, wo immer er heute sein mag.

Die zweite Schwangerschaft stellte sich bloß ein Jahr später ein. Einer der Betreuer des Heims hatte eine wilde Affäre mit mir begonnen. Mit kindlichem Leichtsinn ging ich davon aus, dass wir in einer Beziehung waren, dass wir uns liebten und zusammen wären. Gesunde Beziehungen waren mir fremd, ich hatte keine positiven Vorbilder, die mir eine gute Partnerschaft vorgelebt hätten. Der Altersunterschied schien mir absolut normal, man schüttelt nicht alle verinnerlichten Konzepte ab, sobald man eine Sekte verlässt. Beziehungen zwischen älteren Männern und Mädchen waren nichts Ungewöhnliches. Ron war über vierzig und verheiratet, hatte schon Kinder zu Hause und zu meiner Überraschung keinerlei Interesse daran, sein Leben aufzugeben, um ein neues mit mir aufzubauen. Vorher hatte er allerdings stets beteuert, dass er Frau und Kinder für mich verlassen würde. Eine glatte Lüge, musste ich nun zum denkbar ungünstigsten Zeitpunkt feststellen. Nicht weil ihm seine aktuelle Familie so viel bedeutet hätte – nein, er wollte eigentlich überhaupt keine. Die, die er bereits hatte, war ihm schon zu anstrengend.

Ron war kein glücklicher Mensch, ich kann mich nicht daran erinnern, dass er je gelacht hätte. Er war immer ernst, in Gedanken, eigenbrötlerisch. Später stellte sich heraus, dass ich nicht seine einzige heimliche Freundin gewesen war, und auch, dass nicht alle mehr oder minder freiwillig mit ihm geschlafen hatten. Auch ich hatte nur oberflächlich betrachtet die Wahl. Als lebenslang Missbrauchte war mir nicht bewusst, dass es erlaubt ist, die Avancen eines Mannes abzulehnen; besonders einen älteren Mann abzuweisen wäre mir im Traum nicht eingefallen. Ich verzehrte mich nach Nähe, danach, begehrt zu werden, weil ich keine andere Form von Zuneigung kannte. Mir war in Fleisch und Blut übergegangen, dass Sex und Wertschätzung im Grunde ein und dasselbe waren. Leichte Beute für einen erwachsenen Mann, der sich an jungen Mädchenkörpern erfreuen wollte, ohne die Konsequenzen zu achten.

Ron war nicht erfreut, als ich ihm eröffnete, dass ich meine Tage nicht bekommen hatte. Ich hielt ihm in seinem Sprechzimmer einen positiven Schwangerschaftstest unter die Nase. Es war unsere wöchentliche Sitzung. Eigentlich war sie dafür bestimmt, über mein Seelenleben und meine Fortschritte in der Gruppe zu sprechen, über meine Traumata und meine Zukunft. Meist nutzte Ron sie, um mich auf seinem Schreibtisch zu vögeln. Seine Reaktion in diesem Moment war ebenso routiniert wie seine körperlichen Annäherungen.

»Ich kann dir eine Adresse geben«, bot er an, »eine gute Klinik, die kümmern sich, dann ist das Problem vom Tisch.«

Mir wurde sofort klar, dass ich nicht der erste und auch nicht der letzte Schützling war, mit dem Ron diese Situation durchspielte. Pech für ihn, dass Abtreibungskliniken keine Bonuskarten für Stammkunden hatten. Vielleicht hätte er dann bald eine neue Waschmaschine oder einen schicken gebrauchten Ford bekommen.

Ich weigerte mich, seine Hilfe in Anspruch zu nehmen. Unter keinen Umständen wollte ich wieder in einem Raum liegen, der nach Desinfektionsmittel stank, und die Risse in der Decke zählen, während jemand mit Latexhandschuhen in meiner Vagina herumpulte. Lieber würde ich bei dem Versuch, das »Problem« zu beseitigen auf dem Badezimmerfußboden verbluten.

Ich hörte mich dezent um und erfuhr von einem anderen

Mädchen auf meiner Etage, wie man selbst eine Fehlgeburt einleitete, ohne sich einen Kleiderbügel in den Körper zu jagen. Letzteres schien mir von allen Varianten die scheußlichste, weshalb ich mich sofort dagegen entschied.

Am Nachmittag meldete ich mich für einen Spaziergang ab, ging in eine Drogerie und besorgte ein rezeptfreies Abführmittel und Rizinusöl. Die Kassiererin warf einen sorgenvollen Blick auf meinen Einkauf, senkte ihre Stimme und raunte: »Sorg dafür, dass du Handtücher und Wasser hast. Und pass auf dich auf, Mädel. Mach das nicht alleine.«

Zu gern hätte ich ihren Ratschlag angenommen, aber auf der ganzen weiten Welt gab es nicht eine Menschenseele, die ich um Beistand oder wenigstens Anwesenheit hätte bitten können. Ich stellte mir vor, wie ich Ron um Beistand bat, und hätte der netten Dame beinahe ins Gesicht geprustet.

»Keine Sorge«, erwiderte ich lächelnd, zog die Plastiktüte vom Tresen und versteckte sie im Heim unter meiner Matratze. Ich wartete auf die allgemeine Nachtruhe, schlich mich in die Gemeinschaftsdusche und verabschiedete mich tränenreich von meinem zweiten Hätte-Wäre-Wenn-Kind.

Mein Betreuer wurde Jahre später gefeuert. Manchmal habe ich mich gefragt, wie viele von uns schon auf dem kalten Fliesenboden gesessen und für ihn geblutet hatten. Ron hat sich das vermutlich nie gefragt.

Drei Jahre später besuchte ich eine Frauenärztin, um die üblichen Vorsorgeuntersuchungen hinter mich zu bringen. Wie die meisten zwanzigjährigen Frauen machte ich mir keine Sorgen. Ich war jung, fühlte mich kerngesund, und meine Periode kam jeden Monat präzise wie ein Schweizer Uhrwerk. Erst als zwei Wochen nach dem Termin ein Anruf kam, fing mein Herz an zu flattern.

»Frau Campbell«, sagte die Sprechstundenhilfe am anderen Ende der Leitung höflich, »Sie müssten herkommen, um Ihre Ergebnisse zu besprechen.«

Noch nie hatte mich ein Arzt gebeten, Laborwerte mit ihm zu diskutieren. »Worum geht's?«, fragte ich mit belegter Stimme. Meine Hände waren schlagartig derart feucht, dass mir der Hörer aus den Fingern zu gleiten drohte.

»Das erklärt Ihnen die Ärztin. Auf meinem Zettel steht nur, dass Sie kommen sollen.«

Ich ging den ganzen Weg zu Fuß, weil ich kein Geld für den Bus hatte. Die gewitterschwere Luft lag in meiner Lunge wie Backsteine, meine Umgebung flimmerte verschwommen, ich nahm kaum wahr, dass ich mich überhaupt bewegte, aber irgendwann stand ich doch vor der Eingangstür der Praxis.

»Nehmen Sie noch einen Moment im Wartezimmer Platz«, forderte mich die Dame an der Rezeption auf, und am liebsten hätte ich gebrüllt, dass ich unverzüglich mit meiner Ärztin zu sprechen verlange, weil ich nicht dafür garantieren könne, dass ich ihr beschissenes Wartezimmer nicht in Schutt und Asche legen würde. Aber ich tat nichts dergleichen, setzte mich und starb tausend kleine Tode, bis ich zwanzig Minuten später meinen Namen hörte.

»Tamika Campbell bitte zu Frau Rothenburg«, plärrte eine Stimme aus einem kleinen Lautsprecher an der Wand. Ich warf einen letzten Blick auf die anderen Frauen, die meisten von ihnen sichtbar schwanger, dann glitt ich nahezu schwerelos in Sprechzimmer zwei. Ohne etwas zu spüren, setzte ich mich. Frau Rothenburg verfolgte mit dem Zeigefinger einen Satz in meiner Krankenakte, während sie sprach. Sie sagte irgendwas von »bösartigem Gewebe« und »Behandlungsmöglichkeiten«, aber ich verstand fast nichts mehr, nachdem das Wort »Krebs« aus ihrem Mund direkt auf meine Füße gefallen war, kaum dass ich Platz genommen hatte. Entfernt hörte ich, dass Doktor Rothenburg fragte, welche Behandlung mir am liebsten wäre.

»Wir können operieren«, sagte sie nüchtern, »oder wir versuchen es erst einmal mit einer Chemotherapie.«

Meine Augen waren starr auf den Wandkalender gerichtet, der jeden Monat eine andere farbenprächtige Vogelart zu präsentieren schien, aber in meinem Kopf sah ich ganz andere Bilder: das Nachthemd in der Abtreibungsklinik. Den Tropf. Das ernste Gesicht der OP-Schwester. Die kalkweiße Decke. Die grelle Behandlungsleuchte. Die Nierenschale. Den metallenen Vaginal-Spekula.

»Chemo«, sagte ich heiser, »ich möchte lieber die Chemo.«

Mein erster Termin wurde für die folgende Woche angesetzt. Je früher wir anfingen, desto größer wäre die Chance, den Krebs zu besiegen, sagte Frau Rothenburg und legte tröstend ihre Hand auf meinen Arm. Eine Geste, auf die ich auch hätte verzichten können.

Chemotherapie ist scheiße. Ich würde es gern weniger drastisch oder ermutigender ausdrücken, aber ich habe einfach nichts ansatzweise Positives zu berichten. Am schlimmsten war das Gefühl der Ohnmacht. Mit meinem Körper passierten Dinge, die ich nicht beeinflussen konnte, ein Umstand, der mir sehr vertraut war und vielleicht gerade deshalb so schwer für mich zu ertragen. Mein Blutdruck wurde gemessen, mein Puls kontrolliert, meine Atmung analysiert und meine Temperatur ermittelt. Meine Größe und mein Gewicht wurden ermittelt, um zu berechnen, welche Dosis die richtige für mich wäre. Eine entschuldigend dreinschauende junge Schwester legte eine Infusion, eine zweite entnahm eine Blutprobe. Ein dumpfes Brennen kroch meinen Arm entlang, während die Chemikalien in meinen Körper suppten. Tagelang blieb ein metallener Geschmack im Mund, und mir fielen büschelweise Haare aus, direkt nach der ersten Behandlung, die, zur Überraschung aller und zu meiner unbeschreiblichen Erleichterung, meine einzige bleiben sollte.

»Ich kann es mir nicht erklären«, hauchte Doktor Rothenburg, erneut über meine Akte gebeugt, und kratzte sich gedankenverloren die Stirn. »Es ergibt überhaupt keinen Sinn.«

»Was?«, fragte ich müde. Ich ärgerte mich, dass ich schon wieder hier sitzen und auf etwaige weitere Hiobsbotschaften warten musste.

»Die Marker sind weg«, sagte Frau Rothenburg kopfschüttelnd, »es ist, als wäre der Krebs nie da gewesen.«

Wieder wurde ich auf den Kopf gestellt und eingehend untersucht, dieses Mal mit dem Ergebnis, dass mein Uterus und ich wohlauf und bester Gesundheit waren.

»Kann eine Chemotherapie so schnell wirken?«, fragte ich skeptisch.

»Na ja, ich … Eigentlich …« Es dauerte, bis sich die Ärztin zu einem »Nein« durchringen konnte.

»Und was heißt das nun?«

»Also, Sie können gehen«, Doktor Rothenburg runzelte die Stirn, »es gibt nichts zu behandeln.« Einen kurzen Moment lang schien ihr Blick ins Leere zu laufen, dann kam er zurück. »Kommen Sie bitte regelmäßig zur Vorsorge«, bat sie. »Mehr bleibt mir nicht zu sagen.«

Toll, dachte ich, als ich die Tür hinter mir ins Schloss fallen ließ. Ich freute mich natürlich, dass sich offenbar eine Wunderheilung an mir vollzogen hatte. Keinen Krebs zu haben war auf jeden Fall besser, als Krebs zu haben. Die Freude wurde mir lediglich dadurch verdorben, dass ich vermutlich nie Krebs gehabt hatte und nur aufgrund irgendeines Fehlers eine Chemo-Sitzung hatte über mich ergehen lassen müssen.

In der Aufregung und allgemeinen Verwirrung vergaß ich, verschiedene Fragen zu stellen – zum Beispiel, ob dieses Urteil bedeutete, dass ich doch noch mal Kinder würde haben können. Gleich nach der vermeintlichen Diagnose hatte man mir nämlich mitgeteilt, ich könne nie mehr schwanger werden.

Ich habe mich mitunter gefragt, warum mir das Leben diese unnötige und unangenehme Episode bescheren musste. Ich hatte bis dato ja durchaus genug Leid erfahren, und es war für meine Entwicklung folglich nicht nötig, mir weitere Schmerzen zu bescheren. Aber wie dem auch sei: Es ist ein Schritt auf dem Weg zu der Frau, die ich heute bin.

Allen Widrigkeiten zum Trotz wurde ich im Jahr 2010 erneut schwanger. Dieses Mal wollte ich mich nicht beeinflussen lassen. Um eine informierte Entscheidung zu treffen, besuchte ich eine befreundete Gynäkologin.

»Was sind meine Optionen?«, fragte ich geradeheraus.

»Schauen wir mal«, sagte sie zwinkernd und begann die Untersuchung. Wir plauderten ein wenig, wohl um die nervöse Stimmung im Zimmer zu überspielen. Dann bat sie mich, wieder auf dem Stuhl an ihrem Schreibtisch Platz zu nehmen.

»Ich muss dir leider mitteilen, dass eine Abtreibung rein rechnerisch ausgeschlossen ist«, verkündete sie, »es sei denn, du verfügst über eine Zeitmaschine.«

»Bekomme ich die auf Rezept?«

Meine Freundin lachte nicht.

An jenem Abend warf ich mich aufgewühlt ins Bett und ging wieder und wieder alle gangbaren Optionen im Kopf durch. Keine einzige war es, das Kind zu behalten und mein Dasein fortan als alleinerziehende Mutter zu fristen.

Gerädert rollte ich mich mit den ersten Sonnenstrahlen aus dem Bett und zog die Gardinen auf, zwischen denen sich das Licht bereits hindurchgestohlen hatte. Ich öffnete das Fenster und hielt mein von Müdigkeit und Kissenfalten zerfurchtes Gesicht in die kühle Morgenluft.

»Fuck it!«, sagte ich laut zu mir selbst. »Ich werde Mama.«

»Glückwunsch!«, erwiderte ein älterer Herr, der gerade unter meinem Fenster in Richtung Wochenmarkt wackelte.

Die Schwangerschaft war kein Spaziergang, welche ist das schon? Ich überlegte ein ums andere Mal, was gewesen wäre, wenn ich die Schwangerschaft bloß ein paar Tage früher bemerkt hätte. Ich bin sicher, ich hätte auch dieses Mal abgetrieben. Und dann wäre mir das größte Geschenk meines Lebens entgangen, das wertvollste Wesen, das es für mich auf dieser Erde gibt. Meine Tochter wuchs in mir heran, und ich wuchs mit ihr, nicht nur in die Breite, sondern auch als Persönlichkeit, als Frau. Natürlich macht es einen nicht weiblicher oder besser, wenn man ein Kind in die Welt setzt, aber ich war gezwungen, mich noch einmal ganz anders zu betrachten, noch viel stärker zu werden, damit ich für das kleine Bündel Mensch immer ein Halt wäre. Mir ist vollkommen egal, ob andere Leute mich als Vorbild betrachten, aber für meine Tochter möchte ich eines sein. Schon während sie in mir zu rumoren begann, habe ich sie in mein Herz geschlossen; als ich sie das erste Mal in den Armen hielt, war es um mich geschehen. Eigentlich bin ich ein außerordentlich pünktlicher Mensch. Umso dankbarer bin ich, dass ich dieses eine Mal zu spät dran war.

Eine Migrantin erklärt Deutschland

Ganze zwei deutsche Worte kannte ich, bevor ich nach Deutschland einwanderte: »Gesundheit« und »Kindergarten«. »Gesundheit« war mir ein Begriff, weil immer mehr Amerikaner dazu übergehen, es statt des üblichen *bless you* zu sagen, wenn jemand geniest hat. Atheismus liegt im Trend, religiöse Floskeln sollen nach Möglichkeit vermieden werden. »Kindergarten« ist ebenfalls eine Vokabel, die die Amerikaner aus dem Deutschen gemopst haben. Natürlich gibt es noch viele weitere Begriffe, die deutsche Auswanderer seinerzeit in die USA importierten: »Doppelgänger«, »Angst«, »Poltergeist«, »Übermensch«, »Zeitgeist« – die Liste ist umfangreich. In Anbetracht meiner spät erlernten Englischkenntnisse hatte ich mich jedoch nicht so damit auseinandergesetzt. Die deutsche Sprache ist, gelinde gesagt, recht exotisch, aber hierzulande bin ich es, die zuweilen angegafft wird, als hätten die Menschen noch nie eine schwarze Frau gesehen. Zugegeben, auf viele Deutsche mag das zutreffen. Mir ist es dennoch unbegreiflich, was Menschen dazu bewegt, Dinge auszusprechen, die sie lieber für sich behalten sollten. Möglicherweise halten sie sich aber auch schon zurück, und ich bekomme nur einen Bruchteil dessen zu spüren, was die Leute denken, wenn sie mich sehen.

Ein Bekannter kommentierte zum Beispiel meine Sommerbräune mit den Worten: »Ach, doll, ihr werdet auch dunkler?«

Hervorheben möchte ich auch den backenbärtigen Kerl, der mir in der Sauna gegenübersaß und letztlich zu dem Schluss kam, sagen zu müssen: »Ich wusste gar nicht, dass ihr auch schwitzt.«

Gelegentlich verschlägt es mir die Sprache, so auch in jener Situation. Was sagt man zu jemandem, der sich berufen fühlt, meinen Saunaschweiß zu kommentieren, als wäre ich eine Außerirdische? Unwahrscheinlich, dass der Herr die Lehren des Dwight York gelesen hatte und uns für extraterrestrische Wesen hielt. Was also ist es, das weiße Deutsche glauben lässt, wir wären aufgrund unserer Hautfarbe eine eigene Spezies, für die fundamentale Regeln des menschlichen Körpers nicht gelten? Die meisten Säugetiere schwitzen nicht, aber sogar Affen transpirieren. Was, zum Henker, denkt ihr, sind wir?

Betrete ich eine Bühne, geht das Publikum zuweilen davon aus, dass ich Sängerin bin, und ist baff, wenn ich stattdessen Witze erzähle. »Sie haben gar nicht gesungen«, wunderte sich einst ein Zuschauer an der Theke nach einem Gig, »ich dachte, wir kriegen Soul oder Jazz zu hören.«

»Mhm, und Sie spielen also Tennis?«, erwiderte ich, machte auf dem Absatz kehrt und ertränkte meinen Zorn in einer Bierschorle.

Dann gibt es die Menschen, die mir dezent, aber unmissverständlich zu verdeutlichen suchen, dass sie keine Rassisten sind – ohne Not. Seit November 2008 gibt es dafür ein Patentrezept, das mich bis heute verfolgt:

»Ich liebe Obama.« Ein Statement, das mir regelmäßig völlig zusammenhangslos um die Ohren fliegt, als wäre er mein Cousin zweiten Grades. Ich möchte nicht ausschließen, dass manche das tatsächlich glauben. Aber in den USA leben 38 Millionen Schwarze, das ist beinahe die Hälfte der deutschen Bevölkerung. Wir sind ziemlich genau so viele, wie es Menschen in Polen gibt, oder 38 Mal so viele wie im Saarland.

Auf den unsinnigen Obama-Ausruf antworte ich gern mit ähnlich situationsfernen Aussagen, zum Beispiel damit, dass ich Apfelmus mag oder Reykjavík die Hauptstadt Islands ist.

Die Begebenheiten sind zahlreich und enden oft damit, dass ich gar nicht mehr reagiere.

Es ist nicht weiter ungewöhnlich, dass Leute sich als die werkseitige Voreinstellung des Homo sapiens empfinden und alles andere als Abweichung von der Norm betrachten. Als Amerikanerin ist mir das selbstredend schmerzlich bewusst. Wir sind die Meister der Egozentrik. Dementsprechend gibt es in meiner Wahlheimat bis heute Dinge, die mich nach wie vor verwirren. Wenn ein Deutscher ans Telefon geht, muss ein Sermon heruntergebetet werden, als kündige das Klingeln ein Hofzeremoniell an. »Guten Tag, Campbell am Apparat, wie kann ich Ihnen weiterhelfen?« In den USA sagen wir üblicherweise einfach »Hallo«, statt uns damit aufzuhalten zu vermelden, wer wir sind, was wir gerade machen, wie wir heißen etc.

Andererseits musste ich erst nach Deutschland ziehen, um zu hinterfragen, warum wir in den USA nicht das metrische Einheitssystem benutzen. Wie viele Kuchen musste ich verderben, bis ich lernte, was Gramm und Milliliter sind. Zu Beginn sträubte ich mich gegen die neuen Einheiten, obgleich ich sofort verstand, dass sie wesentlich mehr Sinn ergaben. Wer ist bloß auf die Idee gekommen, Größe in Fuß zu messen? Mittlerweile bin ich einsichtig. Leute, die Becher als Maßeinheit benutzen, können nicht sonderlich clever sein. Mir ist schleierhaft, wie wir es mit unseren Längenangaben je auf den Mond geschafft haben.

Dennoch können Malzbier und Logik nicht darüber hinwegtäuschen, dass Menschen mich hierzulande wohl bis ans Ende meiner Tage als Fremdkörper behandeln werden. Selbst wenn ich irgendwann mit neunzig über die Tanzflächen Berlin-Kreuzbergs fegen sollte, werden sie sich auf dem Weg nach Hause noch wundern, wie es die Schwarze nach Deutschland geschafft hat. Berlin ist kosmopolitischer als der größte Rest der Republik, aber auch hier werde ich nach über zwanzig Jahren in Deutschland noch tagtäglich mit Vorurteilen konfrontiert.

Ich weiß natürlich, dass ich einen Akzent habe. Mir ist auch klar, dass ich nicht jedes Wort richtig verwende. Erwähnenswert wäre diesbezüglich ein Vorstellungsgespräch, in dem ich besonders intellektuell klingen und die richtige Vergangenheitsform verwenden wollte, um Eindruck zu schinden. An den genauen Kontext kann ich mich nicht mehr erinnern, er wurde sozusagen überschattet von dem, was folgte.

»Er kackte mich an«, sagte ich inbrünstig und erzählte wohl irgendeine Geschichte, als die Personalerin mir bedeutete, ich solle innehalten.

»Er hat bitte was gemacht?«, fragte sie ungläubig.

»Na, er kackte mich an. Von Weitem. Er kackte mich aus der Ferne an.«

»Er … hat Sie angekackt?«, hakte die Dame echauffiert nach.

»Ich finde das auch komisch, wenn Leute so gucken, aber er kackte mich wirklich lange an.«

Die Frau blinzelte. »Wollen Sie mir sagen, dass er Sie angeguckt hat? Angesehen?«

»Angekackt«, sagte ich, mittlerweile leicht konsterniert, »es ist doch Ihre komische Sprache, nicht meine.«

Mit hochrotem Kopf erklärte sie mir den feinen Unterschied zwischen »kacken« und »gucken« und erläuterte, dass »angekackt« keineswegs die Vergangenheitsform von »angucken« ist. Im Kopf ging ich sämtliche Konversationen der letzten Jahre durch und fragte mich, wie oft ich diesen Fehler wohl schon gemacht hatte.

Einwanderer machen Fehler, Sie wären auch nicht gerade Hemingway, wenn es Sie nach Illinois verschlüge. Ich verstehe hingegen nicht, warum Menschen deswegen mit mir sprechen müssen, als wäre ich gehörlos oder geistig nicht ganz auf der Höhe. Entweder schreien sie mich nahezu an, oder sie wechseln automatisch ins Englische. Beides finde ich, gelinde gesagt, unhöflich. Selbstlob liegt mir fern, aber ich würde von mir behaupten, dass ich in den letzten Jahrzehnten passable Deutschkenntnisse erworben habe, genug, um meine Comedy auf Deutsch auf die Bühne zu bringen. Da kann mir niemand weißmachen, dass er oder sie kein Wort versteht, das ich aus meinem Mund befördere. »Ich weiß, dass Sie mich verstehen können«, sage ich manchmal in solchen Fällen. »Sähe ich weißer aus, kämen Sie sicher nicht auf die Idee so zu tun, als spräche ich in Zungen zu Ihnen.«

Und lieber Berliner Hipster: Wenn ich dich auf Deutsch anspreche, antworte mir doch einfach auf Deutsch. Du tust mir keinen Gefallen, wenn du die Sprache wechselst, als wäre ich zu doof, deine zu sprechen. Ganz besonders ärgere ich mich über die Erklärung, dass man sich über die Gelegenheit freue, endlich einmal sein Englisch aufpolieren zu können. Entschuldigung, aber sehe ich aus wie eine Volkshochschule? Mir ist wirklich ganz egal, wie euer Englisch ist, bei mir bekommt man auch keine Noten und kein B2-Zertifikat. Mir ist viel wichtiger, dass ich die Sprache des Landes spreche, in dem ich mit meinem Kind lebe, auf dass sich mein Deutsch täglich verbessert. Wenn ihr euer Englisch verbessern wollt, fliegt doch nach London. Oder nach San Francisco. Vielleicht nicht unbedingt nach Australien.

Mir graut davor, dass meine Tochter diese Dinge eines Tages auch erleben wird, bewusst. Sie ist Deutsche, in Deutschland geboren und aufgewachsen, und dennoch werden die Leute sie fragen, wo sie denn wirklich herkommt, und sich wundern, warum sie in der Sonne braun wird und in der Hitze schwitzt. Menschen werden Dinge sagen wie: »Mischlingskinder finde ich immer total schön«, so als wäre sie eine seltene Hunderasse, und wenn sie sich auf Jobs und Wohnungen bewirbt, wird sie es schwerer haben als ihre biodeutschen Klassenkameraden Meyer, Müller und Schulze.

Deutschland hat noch einen weiten Weg vor sich, und manchmal machen wir hier einen Schritt nach vorn und zwei zurück. Ich bin aber überzeugt, dass die Diversifizierung unaufhaltsam ist. Ob es Martina Fischer gefällt oder nicht, Deutschland ist nicht mehr nur Salz, Pfeffer und Petersilie, Deutschland ist jetzt auch Curry und Kurkuma, Safran und Ras el-Hanout. So sehr ich Maggi liebe – dagegen kann doch niemand etwas haben.

An einem Tag im Tiergarten

Das Leben war, alles in allem, ziemlich gut. Ich verdiente Geld, wenn auch nicht mit den erfüllendsten Tätigkeiten. Meine Tochter war gesund und munter. Ich war in der Stadt meines Lebens angekommen. Mein Bekanntenkreis war umfangreich, manche Freundschaften innig. Obgleich mir die Vergangenheit arg zusetzte und ich mich dauerhaft in ambulanter Therapie befand, hatte ich ein Leben aufgebaut, das eines Menschen, besonders eines Kindes, würdig war. Meine Tochter würde es besser haben als ich. Sie würde ohne Hunger und Angst aufwachsen, ohne Missbrauch und Züchtigung. Natürlich bringt sie mich manchmal zur Weißglut, das kennen alle Eltern. Insbesondere jetzt, da sie in die Pubertät kommt. Aber ich würde sie niemals körperlich oder seelisch verletzen. Meine eigenen Narben sind eine stetige Warnung und Erinnerung.

2012 war ich Ende dreißig, meine Tochter noch ein Kleinkind, und ich war vollkommen in das Berliner Leben eingetaucht. Mit ein paar Freunden war ich im Tiergarten verabredet. Das Wetter war herrlich und die Stimmung gelöst. Wir saßen auf Picknickdecken, die Kinder tobten oder robbten über den saftigen Rasen, wir aßen marinierte Hähnchenschenkel, frischen Salat und gönnten uns Sekt-Cocktails. Einen Steinwurf entfernt plätscherte der Landwehrkanal, junge Frauen machten Yoga auf der Wiese, Herrchen und Frauchen spazierten mit ihren Hunden vorbei. Gerade wollte ich meiner Tochter zeigen, was eine Pusteblume ist und wie man sie dazu bekommt, ihre kleinen Ballerinas durch das laue Lüftchen tanzen zu lassen, als ein guter Freund, der ebenfalls aus den USA kam, das Gespräch auf die Verhältnisse in Amerika lenkte.

»Ich hab' die USA gefressen wie zehn Pfund grüne Seife«, warf ich ein, »aber zumindest sind wir in der Lage zu fluchen.« Meine Freunde lachten, und ich fühlte mich berufen, weiterzusprechen. »Es ist so einfach: *Fuck*. Es lässt sich in jeden Satz einfügen, funktioniert als Ausruf, als Verb, als Adjektiv. Es drückt Freude aus, Überraschung, Ärger. Und was haben die Deutschen hier?« »Fick dich ins Knie! Ins Knie!« Meine Tochter gluckste vergnügt. Sie war natürlich noch viel zu klein, um ansatzweise zu verstehen, worüber wir sprachen. Ihr Repertoire waren Einwortsätze. Aber sie spürte, dass die Erwachsenen um sie herum ganz entzückt waren von dem, was ihre Mama da sagte, und das gefiel ihr.

»Ich habe mal recherchiert – also, ich habe mir deutsche Pornos angesehen, um etwas über diese wirklich sehr innovative Stellung zu lernen.« Eine meiner Freundinnen lachte mittlerweile so beherzt, dass sie grunzte. »Ich hab' leider noch keine Anleitung gefunden, aber meine Suche geht weiter.«

Mir war nicht aufgefallen, dass sich mittlerweile eine kleine Menschentraube um uns versammelt hatte, so versunken war ich in meine Tirade. »Wenn wir Amerikaner wütend sind, dann überschreiten wir die Grenzen der allgemein angemessenen Körpernähe. Es heißt ja nicht umsonst *get in someones face*. Ja, du kennst das, Collin!«, fuhr ich fort, während mein amerikanischer Freund sich vor Lachen den Bauch hielt. »Das Schnipsen und die Armbewegungen und die Flüche – das gehört alles zusammen. Die Choreografie der Entrüstung. Wir werden halt richtig wütend. Was machen Deutsche?« Ich stand auf, stützte eine Hand in die Taille und atmete einmal kräftig aus. »Das! Das war's! Wenn ein Deutscher es wagt, ein wenig strenger zu atmen, weißt du: Der wurde zur Weißglut getrieben. Er weiß kaum noch, wohin mit sich. – Oder diese erhobene einzelne Hand, wenn deutsche Autofahrer ungehalten sind. Ich bin seit über zehn Jahren hier und habe nicht ein einziges Mal erlebt, dass jemand die Scheibe runtergedreht hat, um jemanden anzupöbeln, oder dass eine Mutter ihren Schuh ausgezogen und nach einem Fußgänger geworfen hat. Ihr lacht, aber das ist völlig normal! Das sind menschliche Emotionen! Und wenn ich mich dann einmal aufrege, so wie jetzt gerade, dann kommen so hilfreiche Tipps wie: Beruhige dich. Komm mal runter. Immer mit der Ruhe. Nein! Ich will mich aber gar nicht immer beruhigen! Das ist doch nicht gut für den Kreislauf! Man muss auch mal was rauslassen! Wie soll euch das helfen? Ganz ehrlich, mich macht das nur noch rasender! Ich könnte die Tapete von der Wand holen, wenn ich das höre!«

Zwanzig Minuten monologisierte ich über Deutsche, Amerikaner und die Welten, die zwischen ihnen liegen; und als ich zum Ende gekommen war, stellte ich verwundert fest, dass um uns herum nicht nur gut zwei Dutzend Fremde standen, sondern sie klatschten auch noch, und jemand brachte mir einen Hut. Ich blinzelte dem Mann irritiert ins Gesicht.

» Hab ich rumgehen lassen «, erklärte er schulterzuckend, » du sollst ja nicht umsonst arbeiten! «

» Arbeiten? «, entgegnete ich verwirrt, griff in den Hut und zog eine ganze Stange Geld heraus.

» Wofür? «, fragte ich verdutzt.

» Na, für deinen kleinen Auftritt «, sagte er, zwinkerte und verschwand, samt Hut.

Ich stand noch verdattert auf dem Fleck, als vor mir eine Frau erschien, die ich bislang nicht wahrgenommen hatte.

» Machen Sie das öfter? «, fragte das zierliche Wesen im leichten Sommerkleid.

» Was, reden? «, fragte ich.

» Comedy «, sagte sie nüchtern.

» Das war Comedy? «, erwiderte ich verständnislos.

» Ich würde es so bezeichnen. Hör mal, ich bin Agentin, und ich hätte gern deine Telefonnummer, wenn es dir nichts ausmacht. «

Ich wiederholte ihre Worte mehrfach in meinem Kopf, um sie zu verstehen. » Eine Agentin. «

» Ja, und ich denke, du hast Talent. Ich würde dich gern mal für einen Slot buchen, um es auszuprobieren. «

Collin und die anderen nickten aufmunternd. » Mach das, Tamika «, wisperte er. » Du bist echt witzig. «

Also gab ich der Dame meine Nummer, kehrte zurück auf

meine Picknickdecke und dachte nicht mehr an die Episode. Entsprechend überrascht war ich, als knapp eine Woche später beim Frühstück mein Handy klingelte.

»Ich würde dich gern im ›Kookaburra‹ unterbringen, zehn Minuten. Meinst du, du hättest genügend Material dafür?«, fragte die Frau aus dem Park.

Ich sagte zu. Im Tiergarten hatte ich überhaupt keine Notizen gehabt und doppelt so lange durchgehalten. Zehn Minuten schienen mir angenehm kurz.

»Dann sehen wir uns am Sonntag dort. Schönhauser Allee. Ich bin gespannt!«

Ich wollte antworten, aber die Agentin hatte bereits aufgelegt.

Als ich mich am Abend hinsetzte, um mir etwas zu überlegen, stellte ich frustriert fest, wie anstrengend es war, zehn Minuten mit vorgekauten Witzen zu füllen. Aus dem Stegreif ohne Druck witzig zu sein, ist eine Sache. Eine ganz andere Hausnummer ist die Kunst des Witzeschreibens im stillen Kämmerlein, ohne den Kontext weiter zu kennen, in dem man die Witze erzählen würde. Aber ich war kein Drückeberger und zermarterte mir das Hirn, bis ich etwas halbwegs Vernünftiges zu Papier brachte. Ich hatte zugesagt, also würde ich es jetzt auch irgendwie schaffen. Um nicht gänzlich ins kalte Wasser springen zu müssen, entschloss ich mich, mein Set auf dem Tag im Park aufzubauen. Es sollte der zweite schicksalhafte Moment meines Lebens werden, der sich in einem Park zutrug, wenn man auch sagen muss, dass ich beim Eintritt in die Community zwar zugegen, aber noch nicht geboren worden war.

Am Sonntagabend ging ich früh in den Club, um die Atmosphäre, die Zuschauer und meine Kollegen zu beobachten, in der Hoffnung, in letzter Minute noch eine Eingebung zu haben oder wenigstens etwas zu erleben, das meine Nerven beruhigte.

Das »Kookaburra« ist ein gemütlicher Schuppen, genau so, wie man es aus Film und Fernsehen kennt. Die Fassade besteht aus massiven, glänzenden Steinplatten, und ich starrte eine halbe Ewigkeit auf das blaue Schild über der Tür. Der Kookaburra, zu Deutsch »Jägerliest«, ist ein ulkig aussehender Eisvogel, der auch das Logo des Ladens ziert. Später hörte ich, dass in dem Gebäude früher eine Bankfiliale beheimatet war. Heute sitzt das Publikum in gemütlicher Wohnzimmer-Atmosphäre an kleinen Tischen, speist, trinkt und lacht.

Ich nahm am Tresen Platz, bestellte ein Pils mit Malzbier und lauschte denen, die vor mir an der Reihe waren. Sie waren hervorragend – was mir aus Zuschauersicht gut gefiel, doch als die Person, die ihnen nachfolgen sollte, rann mir der kalte Schweiß den Nacken herunter. Die meisten Leute saßen bequem auf ihren Stühlen, nur einen Kerl mit wettergegerbtem Gesicht hatte es ebenfalls an den Tresen verschlagen, vermutlich, weil er näher an der Quelle sitzen wollte.

»Witzige Leute heute«, sagte er mehr ins Nichts als zu mir im Speziellen.

»Total«, antwortete ich trotzdem, und der Mann zuckte kaum merklich zusammen, als hätte er gar nicht bemerkt, dass ich neben ihm saß.

»Sie feiert heute ihr Comedy-Debüt«, hörte ich den Ansager von der Bühne sagen, » also begrüßt sie mit einem tosenden Applaus. Hier ist Tamika Campbell aus New York City!«

Ich stand auf – strich über meine Kleidung, und der Mann zwinkerte mir zu. »Viel Glück!«, sagte er anerkennend. Dann ging's los.

Meine Knie waren butterweich, und ich starb tausend Tode, aber der inbrünstige Beifall am Ende, das Gelächter und die freundlichen Gesichter waren die Tortur wert. Ich erlebte ein Hochgefühl, das mir in meinem Leben so noch nie begegnet war. Die Frau aus dem Park kam hinter der kargen Bühne auf mich zu, die Arme ausgebreitet, eine ferrarirote Brille auf der Nase: »Das war fantastisch! Aus dir kann noch richtig was werden.«

Eine Weile stromerte ich durch die Comedy-Clubs Berlins und versuchte mein Glück, aber was ich auch tat, ich fühlte mich unzulänglich, als trüge ich einen Schuh, der nicht ganz passte. Ich kam zu dem Schluss, dass es an der Sprachbarriere lag. Obgleich mein Deutsch nicht von schlechten Eltern war und ich beileibe besser sprach als viele andere Zuwanderer, fühlte es sich doch irgendwie bemüht an, auf Deutsch ad hoc lustig sein zu wollen.

»Probier es auf Englisch«, riet ein alter Hase eines Abends nach einem Auftritt. Er war Brite, ein rundlicher Mann mit einem fröhlichen Bierbauch, der wippte, wenn er lachte.

»Mein Deutsch ist nicht gut genug?«, fragte ich beleidigt.

Der Mann schlug die Beine übereinander, soweit es ihm trotz seines Umfangs möglich war, und faltete die Hände über dem Knie. »Comedy braucht Sprachgefühl. Dein Deutsch ist prima, aber vielleicht wäre es für den Anfang sinnvoll, eine Sprache zu wählen, in der du dich komplett wohlfühlst. In der eigenen Muttersprache ist der Anfang leichter.«

Ich sah davon ab, ihm zu sagen, dass meine Muttersprache Arabisch ist, und gelobte, mir seinen Rat durch den Kopf gehen zu lassen.

Wie sich herausstellte, gehörte ihm ein Comedy-Club in London, und er war gewillt, mich für einige Monate unter seine Fittiche zu nehmen. Wir korrespondierten eine Weile, und Mark machte mir schließlich ein Angebot. Ein regelmäßiger Slot in seinem Club sei vakant, und er suche ein Talent, das er im Zuge dieser regelmäßigen Auftritte fördern könne. Er legte mir noch einmal ans Herz, diese Chance zu ergreifen, schließlich hätte ich nichts zu verlieren. Meinen Einwand, ich könne doch auch in englischen Clubs in Berlin auftreten, wischte Mark vom Tisch, indem er erklärte, ich könne an diesen rar gesäten Abenden weder ein Repertoire aufbauen noch genug Erfahrung sammeln, um meinen eigenen Stil zu entwickeln.

So kam es, dass ich eines Tages einen Flug buchte, meine Siebensachen packte und mehrere Wochen durch die Londoner Comedy-Szene tingelte.

Die Komikergemeinschaft in London unterschied sich nur in Nuancen von der in Berlin, aber diese Feinheiten ermöglichten es mir herauszufinden, wer Tamika Campbell, die Komikerin, eigentlich ist. Ich ackerte wie ein Pferd, flog zwischen Berlin und London hin und her und fand schließlich meine Stimme; zunächst auf Englisch, und dann war es mir möglich, sie auch ins Deutsche zu bringen. Das ging alles gut, bis meine Tochter ins schulpflichtige Alter kam.

Comedy war nur ein Nebenverdienst, ein lukrativer Zeitvertreib neben meiner Arbeit als Visagistin. Den Sprung ins kalte Wasser wagte ich nicht. Immerhin trug ich die Verantwortung für ein kleines Lebewesen, war allein damit betraut, meine Tochter zu ernähren, anzukleiden und ein Dach über unserem Kopf zu sichern. Nach einem besonders gelungenen Gig nahm Mark die gelöste Stimmung zum Anlass, mir diesbezüglich ins Gewissen zu reden. Wir saßen an einem Tisch unweit der Bühne in einem alten Comedy-Schuppen aus Backstein nicht weit von der Waterloo Bridge. Ich nippte an einem Cider und sehnte mich nach einer frischen Apfelsaftschorle.

»Ich will dir wieder mal einen Rat geben«, raunte Mark bedeutungsvoll in sein Ale, »denk dran, bisher hat es dir nicht geschadet, auf mich zu hören.«

»Wenn es sinnvoll ist, hör ich gern auf dich.«

Mark grinste verschlagen. »Ich tu mir ja selber keinen Gefallen damit, dich gehen zu lassen. Du garantierst mir ein volles Haus. Aber ich denke an dich und deine Zukunft, Tamika. Du musst jetzt Nägel mit Köpfen machen.«

»Wenn das ein Antrag werden soll, ist er furchtbar«, witzelte ich. Zwischen Mark und mir lief nichts, aber meine Bemerkung brachte ihn zum Lachen.

»Du solltest Vollzeit-Comedy machen, sonst wirst du ewig auf diesem Level festhängen. Daran ist ja auch nichts verkehrt, aber du bist zu gut, Mädel. Du musst was aus deinem Talent machen, mehr als der Schwarm halbgarer Kerle, die sich auf die Bühne stellen, weil ihre Freundin ihnen sagt, sie seien so lustig, und die jeden Abend ein paar verhaltene Lacher kassieren.«

Mark verschränkte die Arme vor der Brust, als wollte er sich körperlich für meine Widerworte wappnen. Ich drehte mein Glas zwischen Daumen und Zeigefinger und sah lange auf die menschenleere Bühne.

»Du hast recht«, gab ich zu, obgleich es mir schwerfiel, Komplimente zu akzeptieren, und noch schwerer, mich nicht für eine Versagerin zu halten. Selbstbewusstsein war mir nicht in die Wiege gelegt worden – abgesehen davon, dass ich keine Wiege gehabt habe. »Ich muss aber an meine Kleine denken.«

»Was willst du für deine Tochter sein? Eine starke Frau, ein Vorbild, eine Künstlerin, die ihren Weg geht? Oder ein vergeudetes Talent, das ganz auf Sicherheit setzt? Willst du sie wirklich glauben machen, dass das Leben nicht mehr zu bieten hat?«

»Das ist nicht fair«, protestierte ich, doch Marks Worte hallten noch Tage später in meinem Kopf wider wie ein nerviges, britisches Echo. Als ich dieses Mal in den Flieger zurück nach Berlin stieg, wusste ich, dass ich so schnell nicht wiederkommen würde. So unangenehm es auch sein mochte, ich musste eine folgenschwere Entscheidung treffen. Entweder Vollzeit-Comedy oder eben gar keine. Keine halben Sachen mehr. Ich kündigte meinen Job noch am selben Abend. Mein Kind würde lernen, dass man alles werden kann, wenn man nur hart genug dafür arbeitet.

Stand-up

Ich glaube, dass ich schon immer Komikerin war, lange bevor ich wusste, dass es sich um einen echten Beruf handelt, und Jahrzehnte bevor ich meinen ersten Euro mit Witzen verdiente. Ach, Jahrzehnte bevor es den Euro überhaupt gab! Auf den ersten Blick scheint meine Vita nicht mit meinem Beruf zu harmonieren – meine Geschichte ist nicht lustig. Ich bin an meinem Lebenslauf nicht erstickt, aber am Happy End arbeite ich noch. Eines Tages werde ich diejenige sein, die hochbetagt in den Berliner Clubs tanzt, ich werde mir junge Geliebte anlachen und sie mit Geschichten aus meinem Leben verzaubern. Ich werde meiner Tochter ein Zuhause schenken, und sie wird mit ihrer eigenen Familie heimkehren und ihren Kindern stolz von ihrer Oma erzählen, davon, was sie gemacht hat, was sie geschafft hat und dass ihr Blut auch in ihren Adern fließt. Es soll ihnen eine Lektion sein, dass auch sie alles schaffen können. Wenn das Leben beschissene Karten ausspielt, musst du dir einfach ein besseres Pokerface zulegen.

In der Sekte hatte ich die Wahl zwischen Selbstaufgabe und Akzeptanz, Tod und schwarzem Humor. Meine einzige Chance, ungebrochen und lebendig aus der Community emporzutauchen, war mein Galgenhumor. Scheiße passiert uns allen, wie wir damit umgehen, ist eine Entscheidung, die jeder selbst treffen muss. Ich entschied mich, unbewusst, meinen Lebenswillen an mein Lachen zu knoten. Ich bin nicht aus der Asche auferstanden wie ein Phönix, ich wate noch immer täglich durch meine finsteren Gedankengänge, und keine Therapie der Welt wird mich je vollumfänglich heilen. Es dauerte Jahre, bis ich begriff, dass ich keine Heilung brauche, um jeden Tag zu lächeln. Ich muss nehmen, was mir gegeben wird, und etwas daraus basteln. Darum lasse ich alles Negative, das mir widerfährt, in meine Comedy einfließen. Monster werden weniger bedrohlich, wenn man ihnen in ihre hässliche Fratze lacht. Es ist ein Drahtseilakt, zuweilen strauchle ich am Trapez.

Manche mögen es geschmacklos finden, wenn ich meine Vergangenheit auf der Bühne verarbeite – meist sind das Menschen, die solche Erfahrungen nicht gemacht haben. Leute, insbesondere Frauen, die ebenfalls Überlebende von Missbrauch sind, finden in meinem Stand-up nicht nur Witz, sie finden Ruhe und Erleichterung. Darüber, dass sie nicht allein sind, und darüber, dass es möglich ist, schlimme Dinge zwar nicht wegzuzaubern durch Lachen, aber weniger schmerzhaft, weil kontrollierbar zu machen.

In der berühmten Harry-Potter-Reihe gibt es viele magische Wesen, eines von ihnen ist der Boggart. Trifft ein Zauberer auf eines dieser Geschöpfe, verwandelt es sich augenblicklich in das, was seinem Gegenüber am meisten Angst bereitet – seien es Spinnen, ein bestimmter Lehrer oder der Tod eines geliebten Menschen. In der magischen Welt von

J. K. Rowling muss die Hexe nun ihren Zauberstab schwenken und dabei *Riddikulus* rufen. Dem Boggart widerfährt daraufhin etwas vollkommen Lächerliches – zum Beispiel trägt die Spinne plötzlich Rollschuhe und kann sich auf ihren vielen Beinen nicht halten. Die tiefste Angst wird mit Humor und Witz bekämpft. Nichts anderes tue ich. Mein Boggart, der mir widerfahrene Missbrauch, verschwindet nicht, wenn ich *Riddikulus* rufe, aber ihm wird die Kraft entzogen, wenn ich ihn lächerlich mache.

Comedy heilt. Auf der Bühne zu stehen und die Vergangenheit in Witze zu verpacken hilft dabei, sie zu bewältigen. Und die vielen Reaktionen von Menschen, insbesondere Frauen, die meine Auftritte gesehen haben, zeigen mir wieder und wieder, dass auch das Zuhören dabei helfen kann, sich selbst zu heilen. Mir ist beinahe egal, wie groß mein Publikum ist, ob ich in einer prall gefüllten Halle spiele oder vor einem einzelnen Zuschauer. Mir geht es um den Prozess, darum, jemanden zu erreichen, und vor allem darum, mir selbst die Angst zu nehmen. Je mehr man versucht, etwas zu verstecken, zu verheimlichen, je mehr man etwas unter den Teppich kehren will, desto mehr Macht gibt man dieser Sache.

Wenn ich mich für meine Vergangenheit schäme, dafür, was Menschen mir angetan haben, gebe ich sowohl den Taten als auch den Tätern alle Macht. Indem ich niemandem davon erzähle, gebe ich meine Seite der Geschichte auf. Je mehr ich von mir selbst hineinlegen kann in das Erzählen, desto mehr Kraft schenke ich mir selbst. Ich bin kein Opfer, ich bin eine Überlebende. Die Gewinner schreiben Geschichte. Indem ich mich meiner Geschichte annehme, mache ich mich zur Gewinnerin. Ich werde nicht als Opfer der Ansaaru Allah Community sterben, sondern als schwarze Frau in Deutschland, die ihren Weg gegangen ist, die sich einen Namen gemacht und den Menschen Glück geschenkt hat, wenigstens für einen Abend, für einen Auftritt, für einen Gag.

Ich bin keine Powerfrau, ich bin jemand, der sich für einen Weg entschieden hat und ihn konsequent geht. Ich habe ein Ziel, und ich verfolge es, ohne mich für meine Art zu sein und meine Form der Vergangenheitsbewältigung zu entschuldigen. Humor darf alles, davon bin ich überzeugt. Wenn wir Galgenhumor zensieren oder verbieten, nehmen wir uns die Chance zu wachsen, uns infrage zu stellen und selbst die schrecklichsten Dinge in einem anderen Licht zu sehen. Egal was dir widerfährt, es bricht dich nur, wenn du es zulässt. Das mag nicht jedem gefallen, aber ich bin nun einmal so gewachsen. Das ist mein Selbstschutz, mein Bewältigungsmechanismus.

Ich bin mein einziges Ich auf dieser Erde, und deswegen will ich das beste Ich sein – nicht die zweitbeste Version einer anderen. Meine Comedy ist mein Ventil. Die Tatsache, dass meine Auftritte anderen Überlebenden helfen, die eigene Vergangenheit zu verarbeiten, ist ein Bonus, auf den ich nie gesetzt habe. Ich weiß nur, dass ich nie aufhören werde zu sein, wer ich nun einmal bin. Es hat viele Jahrzehnte und etliche Therapiestunden gedauert, bis ich erkennen durfte, dass dies das größte Geschenk ist.

Wäre ich lieber woanders geboren, als eine andere Tamika, in einer liebenden Familie aufgewachsen, ohne die Schmerzen und das Elend? Der Verstand schreit zuerst ja, natürlich. Natürlich wäre es schön gewesen, wenn meine Familie ein großes Haus mit Veranda und Golden Retriever gehabt hätte, irgendwo in Vermont. Wenn meine Vorfahren die Plantagenbesitzer gewesen wären, nicht die Sklaven. Wenn Drogen in meiner Familie keine Rolle gespielt hätten, wenn man mich nie missbraucht hätte. Aber selbst dann wäre es kein Kinderspiel gewesen. Wir können nicht voraussehen, welche Steine uns das Leben zwischen die Beine wirft. Uns alle kann morgen der Schlag treffen. Es gibt keine Garantie für Glück von außen, nur für das, was du in dir selbst züchtest, hegst und pflegst.

Im Grunde ist das der amerikanische Traum: Du bist deines eigenen Glückes Schmied. Ich musste das ach so gelobte Land erst verlassen, um das Schmiedeeisen in die Hand zu nehmen – eine Zeit als Hufschmiedin im wörtlichen Sinne. Egal wo wir sind, uns allen steht es offen, tätig zu werden. *Own your story*. Wenn du dir deine Geschichte nicht zu eigen machst, bist du nur ein Komparse in deinem eigenen Leben. Aber du musst der Drehbuchautor sein, der Komponist, der Produzent, Casting-Direktor und der Hauptdarsteller.

Im Endeffekt hat meine Lebensgeschichte das aus mir gemacht, was ich heute bin: die Komikerin, die Mutter, die Immigrantin, die Freundin. Alles, was mir je passierte, schuf die Frau, die ich heute im Spiegel sehe. Und obgleich es lange gedauert hat, kann ich heute sagen: Ich mag diese Frau. Sie ist keine Dame, sie ist in vieler Hinsicht nicht, wie andere Menschen sind. Sie wird sich nie hilflos geben, weil sie gelernt hat, dass sie stark sein muss. Sie wird schwache Momente haben, und sie wird sich aufrappeln, weil sie es muss und weil sie es will. Sie ist robust, kräftig und stark. Sie ist einfühlsam, witzig und geistreich. Sie verweigert anderen keine Hilfe, weil sie weiß, wie es ist, wenn man keine Hilfe bekommt. Aber sie lässt sich auch nicht die Butter vom Brot nehmen, weil sie weiß, wie es ist, wenn man nicht einmal mehr Butter hat. Sie ist genau das Vorbild, das ich mir für meine Tochter wünsche. Ohne meine Geschichte wäre ich eine ganz andere geworden. Vielleicht würde ich sie nicht einmal mögen.

Im Grunde läuft alles genau auf eines hinaus: Mein Leben hat mich zu dem Vorbild gemacht, das ich mir für meine Tochter wünsche. Nicht funkelnd und glänzend, nicht mondän und schillernd, aber herzlich. Als Kind wollte ich die Elfe sein, wenn ich heimlich meine Fantasy-Bücher las. Das grazile Wesen, im Einklang mit dem Umfeld, voller Würde und Haltung. Am Ende wurde ich die Kriegerin mit erhobener Streitaxt, das Gesicht voller Blut und dem Körper aus Narben. Ich verstecke sie nicht, ich schminke sie nicht über, und ich schäme mich nicht mehr.

Ich hoffe, das ist es, was die Leser dieses Buches mitnehmen: Manchmal passieren uns Dinge, die wir nicht beeinflussen können, aber wir können steuern, was sie aus uns machen. Manchmal tun wir Dinge, die wir nicht verhindern können, weil es um unser Überleben geht. Und manchmal, wenn wir ganz viel Glück haben, viel Arbeit und Kraft investieren, schaffen wir etwas Außergewöhnliches. Wir sind die Summe dessen, was in uns steckt, und wir können bestimmen, welche Zutaten wir in die Schüssel schmeißen.

Mein Name ist Tamika Campbell, ich bin 45 Jahre alt, und ich habe in meinem Leben mehr Missbrauch erfahren, als es sich viele vorstellen können. Mein Name ist Tamika Campbell, ich bin Komikerin und Mutter. Ich bin kein Vorbild, ich wollte nie eins sein. Aber ich strecke die Hand aus nach all jenen, die Kraft brauchen, und sage: Ich bin nichts Besonderes. Wenn ich es kann, könnt ihr es auch. Erhebt euch, schüttelt den Schmutz von euren Schultern und seid das, wozu ihr geboren wurdet: *unapologetically you.*